Klabund

Gedichte

Morgenrot! Klabund! Die Tage dämmern!

Der himmlische Vagant

Das heiße Herz

Die Harfenjule

Klabund: Gedichte. Morgenrot! Klabund! Die Tage dämmern! / Der himmlische Vagant / Das heiße Herz / Die Harfenjule

Morgenrot! Klabund! Die Tage dämmern!:
  Erstdruck: Berlin (Erich Reiß) 1913.
Der himmlische Vagant:
  Erstdruck: München (Roland-Verlag) 1919.
Das heiße Herz:
  Erstdruck: Berlin (Erich Reiß) 1922.
Die Harfenjule:
  Erstdruck: Berlin (Verlag Die Schmiede) 1927.

Neuausgabe mit einer Biographie des Autors
Herausgegeben von Karl-Maria Guth
Berlin 2017

Der Text dieser Ausgabe folgt:
Klabund: Morgenrot! Klabund! Die Tage dämmern, Berlin: Erich Reiß Verlag, [1913].
Klabund: Der himmlische Vagant. Eine Auswahl aus dem Werk. Herausgegeben und mit einem Vorwort von Marianne Kesting, Köln: Kiepenheuer & Witsch, 1968.
Klabund: Das heiße Herz. Balladen, Mythen, Gedichte, Berlin: Erich Reiß Verlag, 1922.
Klabund: Die Harfenjule. Neue Zeit-, Streit- und Leidgedichte, Berlin: Verlag Die Schmiede, [1927].

Die Paginierung obiger Ausgaben wird hier als Marginalie zeilengenau mitgeführt.

Umschlaggestaltung von Thomas Schultz-Overhage

Gesetzt aus der Minion Pro, 11 pt

Die Sammlung Hofenberg erscheint im
Verlag der Contumax GmbH & Co. KG, Berlin
Herstellung: BoD – Books on Demand, Norderstedt

Die Ausgaben der Sammlung Hofenberg basieren auf zuverlässigen Textgrundlagen. Die Seitenkonkordanz zu anerkannten Studienausgaben machen Hofenbergtexte auch in wissenschaftlichem Zusammenhang zitierfähig.

ISBN 978-3-7437-2018-3

Bibliografische Information der Deutschen Nationalbibliothek

Die Deutsche Nationalbibliothek verzeichnet diese Publikation in der Deutschen Nationalbibliografie; detaillierte bibliografische Daten sind im Internet über www.dnb.de abrufbar.

Inhalt

Morgenrot! Klabund! Die Tage dämmern! 11
  Prolog 12
  Müde schleich ich 12
  Ich kam 13
  Ein Frühlingstag 13
  Die englischen Fräuleins 14
  Manche Dirne in mancher Nacht 14
  Zuweilen 14
  Geliebte 15
  Der Greis 15
  Ein Brunnen 16
  Der Blinde 16
  Ironische Landschaft 17
  Der Wind schritt wild 17
  Man soll in keiner Stadt 17
  Schatten 18
  Der Springbrunn 18
  Der Friedhof 18
  O gieb 19
  Kleinstadtpfingsten 19
  Föhnlied 20
  Ein Bild 21
  Lebenslauf 21
  Hamburger Hurenlied 22
  Christbaumfeier 23
  Fieber 23
  Der verliebte Knecht 23
  Fünf Mark 24
  Ballade 25
  Wikinger 26
  Sternschnuppen 26
  Wünsche 27
  Verfluchte Schweinerei 27
  Schlaflose Nacht 28

Wieder	28
Weisse Mäuse	29
Winterlandschaft	29
Blumentag	30
Ich habe ja ein Kind	30
Es hat ein Gott	31
Ironische Landschaft [1]	32
Der Turm	32
O Glück! O Schmerz!	32
Sommernacht	33
Still schleicht der Strom	33
Nebel	34
Die Geburt	34
Gleichnis	35
Ich hasse alle	35
Resignation	36
Salvatorkeller	36
Pubertät	36
Die Infantriekaserne	37
Soldatenlied	38
Hinter dem grossen Spiegelfenster	39
Sanatorium	39
Epitaph als Epilog	40
Der himmlische Vagant	41
1. [François Montcorbier, genannt Villon]	42
2. [Ach, verloren ist verloren -]	43
3. [Und schick noch einmal deine Raben]	44
4. [Öfter hast du mich gescholten]	44
5. [Was dich immer heiß umfasse]	44
6. [Rausche, Laub, am braunen Hang]	45
7. [Ich lieb ein Mädchen, welches Margot heißt]	46
8. [Nun steigt der Morgen übern Zaun]	46
9. [Sommerabende, ihr lauen]	47
10. [Ich bin von Feuerringen]	47
11. [Ich bin so weit von dir entfernt!]	48
12. [Ich schlage schamlos in die Tasten]	48
13. [Es wuchs ein Schatten aus der Nacht]	49

14. [Weil du von mir ein Kind erhältst] 49
15. [Soll man denn den Dichtern trauen] 50
16. [Ich bin von dir so müde] 51
17. [Die Herzogin Antoinette] 51
18. [Ich bin gemartert von Gewissensbissen] 52
19. [Dies ist das Lied, das Villon sang] 53
20. [Ich bin gefüllt mit giftigen Getränken] 53
21. [Die Sanduhr rinnt. Das Licht verbrennt] 54
22. [Aus der blassen Dämmerung] 55
23. [Einmal aber wird es sein] 56
24. [Ohne Heimat in der Fremde] 56
25. [Nahte ich als Held und Beter] 57
26. [Wo ist Flora, gebt Bescheid] 58
27. [Wenn Zigeuner glitzernd geigen] 59
28. [Was du immer hältst in Händen] 59
29. [Die sich meinethalb entblößten] 60
30. [Herbst entbrennt im letzten Flore] 61
31. [Man liest zu Hause meine Bücher] 62
32. [Laß mich einmal eine Nacht] 63
33. [Des Dichters Mutter liegt vor dir im Staube] 63
34. [Wenn dies das Ende wäre von allen Dingen] 64

Das heiße Herz 65
  Balladen 66
    Der arme Kaspar 66
    Laotse 66
    Hiob 67
    Mohammed 69
    Montezuma 69
    Franziskus 73
    Hieronymus 74
    Robert der Teufel 75
    Als Gott der Herr auf Erden ging 77
    Die Königin von Samarkand 78
    Anna Molnár 79
    Marianka 80
    Der Mandarin 81
    Kaspar Hauser 83

Die Carmagnole (1792) 84
Zarenlied 85
Die schwarzen Husaren 86
Ballade vom deutschen Landsknecht 86
Auf einen gefallenen Freund 87
Jochen Himmelreich 88
Die Kriegsbraut 90
Berliner Weihnacht 1918 92
Ballade vom Bolschewik 94
Der Barbar 96
Der Totengräber 99
Nachtgesicht 100
Die Ballade vom Schlaf der Kindheit 101
Ballade vom alten Mann 101
Ballade vom toten Kind 102
Auf ein Kaninchen 103
Der neue Mensch 104
Ballade vom Wort 105

Mythen 106
Ibykos 106
Antinoos 107
Kyros 108
Knabe und Satyr 108
Narkissos 109
Ganymed 110
Orest und Pylades 111
Patroklos 112
Sarpedon 113
Adonis 115
Der Tod des Adonis 116
Elpenor 118
Herbst 119
Phaëthon 120

Gedichte 123
Die Plejaden 123
Der Friede 128
Verse aus dem Gefängnis 129

Nacht und Morgen und wieder Nacht	133
Blick ins Tal	134
Die Graubündnerin	134
Der Zephir	135
Lied im Herbst	135
Winteranfang	136
Der erste Schnee	136
Schneeflocken	137
Prometheus auf Skiern	137
Davoser Bar	138
Fünfuhrtee in der Halle	138
Der Gentleman	139
Einsamkeit im nächtlichen Hotel	140
Abend in Locarno	141
Der südliche Herbst	141
Venedig	143
An der Ponte Viganello	144
Passauer Distichen	145
Fiete	146
Weib	147
Winkelried	148
Musik! Musik!	148
Thea	148
Musette	149
Mimi	149
Fannerl	151
Grete G	152
Julie	153
Die Seiltänzerin	153
Im Auto	154
Die Pfeife zwischen den Zähnen	154
Der letzte Trunk	155
Das Notabene	155
Der Selbstmörder	156
Der Torso	157
Der Mandrill	157
Der Schnapphans	158

    Prolog zu einem Schauspiel 159
    Coelius 160
    Oden 164
    Die schwarze Fahne 170
    Epilog 182
Die Harfenjule 183
    Die Harfenjule 184
    Deutsches Volkslied 184
    Der geistige Arbeiter in der Inflation 185
    Berliner Mittelstandsbegräbnis 186
    In der Stadtbahn 187
    Berliner in Italien 188
    Die Ballade von den Hofsängern 189
    Baumblüte in Werder 190
    Grabinschriften 191
    Zu Amsterdam 192
    Die Wirtschafterin 193
    Drei wilde Gänse 193
    In Lichterfelde Ost 194
    Im Obdachlosenasyl 195
    Er hat als Jöhr 197
    Ich baumle mit de Beene 198
    Meier 199
    Berliner Ballade 199
    Liebeslied 200
    Trinklied 201
    Bürgerliches Weihnachtsidyll 202
    Die heiligen drei Könige 202
    Bauz 204
    Schwindsüchtige 204
    Der Seiltänzer 205
    Mystik 205
    Philosophie 206
    Spaziergang 206
    Melancholie 207
    Ad notam 207
    Der Verzweifelte 208

Unglücksfall	209
Der kleine Mörder	210
Der Backfisch	210
Tango	211
Das Wassermädel	211
Münchner Sonette	212
Montreux	213
Theater	214
Der Romanschriftsteller	214
Der Lehrer	215
An die Natur	215
Winterschlaf	216
Nach der Schlacht an der englischen Front	216
Pogrom	217
Der neue Rattenfänger	217
Russische Revolution	218
Die Karsavina vom russischen Ballett tanzt	220
Lied der Zeitfreiwilligen	221
Vorfrühling 1923	222
Nachruf auf Cuno	223
Regenschirmparaden	224
Der Landwirt Würstlein von Sebelsdorf	225
Oberammergau in Amerika	225
Gang durch den herbstlichen Wald	226
Die Ballade des Vergessens	227
Gut Holz	231
Der rumänische Räuberhauptmann Terente	232
Leiferde	233
Abschiedsworte an einen Nordpolarfahrer	234
Sonette des Spielers	235
Das tanzende Terrarium	240
Das Meer	243
Die Mondsüchtige	243
Eifersucht	244
Weihnacht	246
Ewige Ostern	247
Mond und Mädchen	248

Nacht im Coupé 248
Kukuli 249
Als sie meine Stimme im Radio hörte 249
Als sie zur Mittagszeit noch schlief 250
Als sie die ihr geschenkte Kristallflasche in der Hand hielt .. 251
Liebeslied [1] 251
Nachts 252
Du warst doch eben noch bei mir 252
Zwiegespräch 252
Sommerelegie 253
Regen 254
Die letzte Kornblume 255
Zeesener Dreizeiler 256
Ode an Zeesen 256
Auf dem Friedhof von Zeesen 264
Mond überm Schwarzwald 265
Davoser Elegie 265
Im Spiegel 267
An einen Freund 268
Das Ende 268
Es ist genug 269
Heimkehr 269
Ahasver 271
Die Glocke 272
Biographie 273

Morgenrot! Klabund!

Die Tage dämmern!

Prolog

Ich sitze hier am Schreibetisch
Und schreibe ein Gedichte,
Indem ich in die Tinte wisch
Und mein Gebet verrichte.

So giebt sich spiegelnd Vers an Vers
In ölgemuter Glätte.
Nur selten fragt man sich: Wie wärs,
Wenn es mehr *Seele* hätte?

Die Seele tut mir garnicht weh,
Sie ist ganz unbeteiligt.
Nackt liegt sie auf dem Kanapee
Und durch sich selbst geheiligt.

Des Abends geh ich mit ihr aus,
Im Knopfloch eine Dalie.
Ich selber heiße Stanislaus,
Sie aber heißt Amalie.

Müde schleich ich

Müde schleich ich durch die Morgenstille,
Und es bebt in mir ein fremder Wille.

Wie die Glocken fernes Ave läuten,
Scheint es mir Verachtung zu bedeuten

Meinen Lippen, die noch dunkel bluten
Von des Weibes ungehemmten Gluten;

Haß, daß ich die Tage frei verprasse,
Und ein Armer nicht in Zucht sie fasse.

– Nimmer neid ich euch die Kirchenenge
Und den Küster. Zerren wir die Stränge,

Soll ins Land der Klöppel donnernd hämmern:
Morgenrot! Klabund! die Tage dämmern!

Ich kam

Ich kam.
Ich gehe.
Ob je mich eine Mutter auf die Arme nahm?
Ob je ich meinen Vater sehe?

Nur viele Mädchen sind bei mir.
Sie lieben meine großen Augen,
Die wohl zum Wunder taugen.
Bin ich ein Mensch? Ein Wald? Ein Tier?

Ein Frühlingstag

Die Leute schnuppern in die Luft wie Hunde,
Die dieses Frühlingstages Ruch erspüren wollen.
Die Sonne steigt sehr langsam aus dem Grunde
Der schwarzen Wolken, wie ein Bergmann aus den Stollen.
Und aus den Menschen zieht sie einen Schatten,
Verzerrt sind Kopf und Rumpf und Flanken ...
So kriechen unsre heiligsten Gedanken
Vor uns am Boden, die das Licht doch hatten.

Die englischen Fräuleins

Die englischen Fräuleins gehen in langer Kette durch die Stadt,
Zwei und zwei, in ihren schwarzen Mänteln wie Morcheln, die
    man aus dem Boden gerissen hat.
Aber im Sommer tragen sie violette
Schärpen um den Leib. Sie schlafen allein im Bette.
― ―
Manche ist so schön,
Man möchte einmal mit ihr schlafen gehn.
Aber sie sind so klein und klein in ihren schwarzen Kapuzen,
Ich glaube, wenn man sie lieben will, braucht man ein ganzes
    Dutzend.

Manche Dirne in mancher Nacht

Ich schwebe durch die Nacht
Und habe niemand lieb.
Ich bin ja frei: mir blieb
Noch von der letzten Nacht

Genug, dem Morgenglühn
Ganz unbeschwert vom Männerleib,
Ein schenkend Weib
Dem Morgenmanne hinzublühn.

Zuweilen

Mir sind die Frauen fremd,
Ich hasse ihre Schritte.
Ich wünschte, daß ich ganz
In mich entglitte.

Nur ich bin in der Welt,
Nur ich geschlechtlich einsam.

Ein Brunnen, der in sich fällt,
Eine Brücke, zweiufergemeinsam.

Geliebte,

Als ich mich heute Nacht in den Kissen richtete,
Traf mich dein Atem wie das Sägen des Totenwurms,
Der sich mit dem Surren des Sturms
Draußen – zu dumpfer Symphonie verdichtete.

Auf der Straße klang es wie ein Getreck
Von Wagen zu einem Leichenzug ...
Das Haustor knirschte ... im Zimmer war Totenruch ...
Sie wollten den Sarg auf ihre Schultern heben ...
Da riß ich dich an mein lebendiges Leben
Und küßte den Tod dir von den Lippen weg.

Der Greis

Meine Blicke sind von Tränen schwer,
Meine Füße tragen mich nicht mehr.

Meine Hände sind zur Faust geballt,
Die sich zitternd um den Knüppel krallt.

Wären meine Arme nicht so schwach,
Würf ich ihn dem blonden Knaben nach,

Der die Zunge grinsend nach mir bleckt.
Ich wollte, daß mit mir die ganze Welt verreckt ...

Ein Brunnen

Rühre nicht an diesen Bronnen,
Der im Dunkel plätschernd stammelt,
Alle Sonnen, alle Wonnen
Hat er stumm in sich gesammelt.

Keinem wollte es gelingen,
Seine goldne Flut zu heben.
Denen nur, die selbst sich bringen,
Wird er hoch entgegenbeben.

Der Blinde

Sie nennen immer eine Farbe
Und nennen etwas rot und bunt,
Und golden sei die Garbe
Und blau des Himmels riesig Rund.
Was weiß denn ich von Rose, Mensch und Ziege?
Mir ist die Welt ein trübes Loch,
In das ich mit gebrochnen Gliedern kroch,
Und nun, ein stummer Stein, am Boden liege.
Sie sagen, ich hätte Augen. Wo,
Wo sind sie? Sie sagen immer: sehen,
Und meinen: mit Gedanken weit über die Wiese gehen.
Sie lachen mich aus: Blinder, sei froh,
Daß du die Welt nicht siehst, häßlich ist sie und schwarz.
Aber schwarz: was ist das? Ich wüßt es, wenn ich sehend wär.
Ich fühle nur dies: ich bin mir selbst so lastend schwer ...
Vom Baume meines Seins tropft meine Seele wie Harz.

Ironische Landschaft

Gleich einem Zuge grau zerlumpter Strolche,
Bedrohlich schwankend wie betrunkne Särge,
Gehn Abendwolken über jene Berge,
In ihren Lumpen blitzen rote Sonnendolche.

Da wächst, ein schwarzer Bauch, aus dem Gelände
Der Landgendarm, daß er der Ordnung sich beflisse,
Und scheucht mit einem bösen Schütteln seiner Hände
Die Abendwolkenstrolche fort ins Ungewisse.

Der Wind schritt wild

Der Wind schritt wild von des Flusses Ramft
Empor und hat die Getreidefelder wie ein Riese niedergestampft.
Dann strich der Regen nieder, Regenbäche sprangen wie silberne
    Hunde
Vor mir im schwarzen Erdreich auf – ich sah auf ihrem Grunde
Den Himmel: wolkig, zerfetzt, leuchtend zerrissen – und ein
    Augenpaar,
Das wie der Himmel: wolkig, zerfetzt, leuchtend zerrissen war.

Man soll in keiner Stadt

Man soll in keiner Stadt länger bleiben als ein halbes Jahr.
Wenn man weiß, wie sie wurde und war,
Wenn man die Männer hat weinen sehen
Und die Frauen lachen,
Soll man von dannen gehen,
Neue Städte zu bewachen.

Läßt man Freunde und Geliebte zurück,
Wandert die Stadt mit einem als ein ewiges Glück.
Meine Lippen singen zuweilen

Lieder, die ich in ihr gelernt,
Meine Sohlen eilen
Unter einem Himmel, der auch sie besternt.

Schatten

Einem dumpfen Geiste
Bin ich untertan,
Oft fällt die verwaiste
Lust er gierig an.

Hellen Auges steh ich
In der lieben Welt,
Bis der fremde Schatten
Wieder in mich fällt.

Der Springbrunn

Im Stadtpark wird der Springbrunn angedreht.
Der Strahl schießt auf, tönt, steigt und steht
Für einen Augenblick,
Gehalten von der Sonnenfaust.
Und wie der Strahl dann in die Tiefe saust:
Wasser stieg auf, Glanz fällt zurück.

Der Friedhof

In graden Reihen epheudichtbedeckt,
Gleich Betten im Spital, stehen die Gräber.
Ein Kreuz aus Stein vernarrte Neugier weckt,
Wer hier verscharrt. Der Tag, der helle Weber,
Webt Lichterfäden um der Treu Geranien,
Ein leiser Widerschein spielt in den Sarg.
Sie ruhen unter blühenden Kastanien,
Ihr Lebenssaft steigt denen tief ins Mark.

Zwischen zwei Gräbern welken rote Blumen,
Das Erdreich ist zerdrückt, das Laub zerfetzt.
Hier wälzten sich die Nacht auf weichen Krumen
Zwei Wildverliebte, von der Brunst gehetzt.
In ihre Schreie sprangen klirrend Knochen
Und Schädel, die nach reifem Heumond rochen.

O gieb

O gieb mir deine Hände,
Der Frühling brennt im Hag,
Verschwende dich, verschwende
Diesen Tag.

Ich liege dir im Schoße
Und suche deinen Blick.
Er wirft gedämpft den Himmel,
Der Himmel dich zurück.

O glutend über Borden
Verrinnt ihr ohne Ruh:
Du bist Himmel geworden,
Der Himmel wurde du.

Kleinstadtpfingsten

Um eine schöne Pfingststimmung zu bewirken,
Stellt man in den kleinen Städten Birken
Vor die Tür. Und am Vorabend singen
Die Mädchen süßsonderbare Lieder, die den Sommer herbeizwingen
   Sollen.
Die Buben zwitschern auf ihren Kalmusstauden wie Nachtigallen.
Aber vor allen
Dingen vergeßt
Nicht: wir feiern Pfingsten das Schützenfest.

In grasgrüner Uniform wie die Förster, mit Fahnen, Flöten, Pauken, und unter Applaus
Des Publikums, marschiert die Schützengilde (63 Mann) zum Schützenhaus.
Mein Vater ist Schützenmajor – er trägt einen Ehrendegen
Und muß an solchem Fest- und Ehrentage auch seinen Kronenorden vierter Klasse anlegen,
Sowie die hohenzollern-sigmaringsche Verdienstmedaille. –
Die Mädchen gehen alle schon in weißer Taille,
Und am Abend tanzt man im Schützenhaussaal bis zum Verrücktwerden ...
Dann draußen unter den Bäumen ... im Grase ... von deinem Munde beglückt werden.
... Küsse ... Musik von ferne ... am Abendhimmel die Venus gleißt ...
Und wir reden jauchzend irr mit fremden Zungen,
Unsere Herzen sind wie Blüten aufgesprungen,
Nieder fuhr durchs Dunkel wie ein Blitz singend der heilige Geist ...

Föhnlied

Der Föhn braust brodelnd durch das Land,
Hat Bäume knackend umgerannt,
Nie hört ich einen tollern
Lärm. Der See zischt weißlich auf,
Der Hahn singt auf des Kirchturms Knauf,
Dumpf die Lawinen kollern.

Laß Haus und Mann und Kind in Ruh.
Der Föhn ist wie mein Odem,
Du,
Weib, wirf mich auf den Boden!

Der Sturm schweißt uns zu einem Sein
Und mischt uns mit den Wettern.
Im Nächtegraus, im Morgenschein
Wird zwei zu eins und eins zu zwein
Den Nebelberg erklettern.

Ein Bild

In einer Galerie ein Mädchenbild – war es in Kassel,
In München, in Berlin? – ich weiß nur, daß es mir gehört.
Ihr ganzer Leib ein Auge: eine Assel,
Die feuchte Grüfte raschelnd stört.

Doch sah man näher hin, so milderten die falben,
Verhetzten Blicke sich, die dem Beschauer fluchen,
Und sind wie junge, frühgefangne Schwalben,
Die flügelschlagend ihren Süden suchen.

Lebenslauf

Geboren ward Klabund,
Da war er achtzehn Jahre
Und hatte blonde Haare
Und war gesund.

Doch als er starb, ein Trott,
War er zwei Jahre älter,
Ein morscher Lustbehälter,
So stieg er aufs Schafott.

Er bracht ein Zwilling um ...
(Das Mädchen war vom Lande
Und kam dadurch in Schande
Und ins Delirium.)

Hamburger Hurenlied

Wir Hamburger Mädchens habens fein,
Wir brauchen nicht auf dem Striche sein.
Wir wohnen in schönen Häusern
Wohl bei der Nacht,
Ahoi!
Weil es uns Freude macht.

Es kommen Kavaliere, Neger und Matros,
Die werden bei uns ihre Pfundstücke los,
Sie liegen uns am Busen
Wohl bei der Nacht,
Ahoi!
Weil es uns Freude macht.

Madam kocht schlechtes Essen, Sami spielt Klavier,
Mit den Kavalieren tanzen wir,
Fließt ein Taler drüber,
Wird er Madam gebracht,
Ahoi!
Weil es uns Freude macht.

Eines Tages holt die Sitte uns hinaus,
Und sie sperrt uns in das graue Krankenhaus.
Dann sind wir tot und sterben
Wohl bei der Nacht,
Ahoi!
Weil es uns Freude macht.

34

Christbaumfeier

Piano, Geige: Hupf mein Mädel (forte),
Im Christbaum zucken gelblich ein paar Lichter,
Und an die Rampe tritt Kommis und Dichter
Und stottert stockend tannendufte Worte.
Man trampelt: »Bravo, Bravo« mit den Füßen
Und prostet mit den Krügen nach dem Helden,
Indem sich schon zwei weiße Fräuleins melden,
Mit »Stille Nacht« die Menge zu begrüßen.
Man säuft, man schreit, man giert und man verlost
Die Lebenslust – Rosa, unwiderstehlich,
Bringt lächelnd ihrem Buben bei (allmählich),
Daß er mich Papa ruft. – Na danke. Prost.

Fieber

Öfter kommen Chausseearbeiter
Und hacken Steine klein.
Und stellen eine Leiter
An und klopfen die Steine in meinen Schädel ein.

Der wird wie eine Straße so hart,
Über die eine Trambahn, eine Mistfuhre, ein Leichenwagen knarrt.

Der verliebte Knecht

Die Bäume rings so rege
Sehn mich verwundert an.
Sie wissen meine Wege,
Die heimlich ich getan.

Ich kroch des Nachts behutsam
Dem Nachbar übern Zaun.

Ich möcht nit seine Wut ham,
Er mag mir gar nit traun.

Doch bin ich nit zu fassen
Und grüße ihn devot.
Muß mir sein Weib doch lassen,
Es küßt mich gar zu gut.

Fünf Mark

In meiner Straße nachts steht eine
(Immer dieselbe) Lausekleine,
Und grüßt mich krächzend mit Geplärr:
Fünf Mark, mein Herr, fünf Mark, mein Herr.

Ich hab es mir mild verbeten,
Da ist sie näher nur getreten,
Ihr dürrer Leib schwoll schattengroß:
Fünf Mark ja bloß, fünf Mark ja bloß.

Grüß Gott –, der Leichenwagen rumpelt,
Ihr Schatz und eine Vettel humpelt
Stier gröhlend hinter ihrem Sarg:
Fünf Mark, mein Herr, mein Herr, fünf Mark.

Man schmiß sie in die Armenerde,
Ihr Schatz gab ihr als Reisezehrde
Zur Fahrt ins Dunkel in den Sarg:
Fünf Mark, mein Herr, mein Herr, fünf Mark,

Fünf funkelnagelneue Mark …

Ballade

(Für Frank Wedekind)

Mein Vater war ein Seebär,
Meine Mutter kam aus Holland her,
Sie hatte Blondhaar, wie Gold so schwer.

Mein Vater war ein grobes Schwein,
Meine Mutter war zart und klein,
Sie war zu schwach, sie sagte nicht: nein.

Sie haßte ihn, daß er sie zwang,
Und gab ihm elf Monate lang
Zwei Taler wöchentlich zum Dank.

Und als ich dann zu Lichte kam,
Meine Mutter mich an ihre zarten Brüste nahm,
Mein Vater schlug sie krumm und lahm.

Ersäufen wollte er mich im Fleet,
Meiner Mutter Flehen war Gebet.
Er hat sich fluchend umgedreht.

Da lief sie in die Nacht hinaus,
Setzte in dunkler Twiete mich aus,
Ging in die Ulrikusgasse ins Freudenhaus.

Mich fand ein Irgendwer.
Wenn ich wüßte, wo meine Mutter wär,
Wär mir nicht oft das Herz so schwer.

In der Ulrikusgasse Nummer fünf spiel ich Klavier.
Vielleicht tanzt meine Mutter hinter mir,
Vielleicht schläft sie des Nachts bei mir …

Wikinger

(Für John von Gorsleben)

Wir sind von einem fernen Nord geschwommen
Wie wilde Schwäne, südige Welt zu sehn,
Und sind zu Menschen gekommen,
An deren Schritten keine Flügel wehn.

Ihre Füße sind plump, ihre Haare sind schwarz,
Ihre Weiber sind dick wie Walrosse.
Wir schenken sie unserm Trosse.
Wir sind Bäume. Aus unsern blonden Bärten tropft Harz.

Wir schlingen die Möwe roh in unsern Rachen.
Unsere Drachen-
Schiffe
Und wir
Haben scharfen Zahn.
Wir hacken ihn ohne List und Kniffe
In feindlich Mensch und Tier.
Und in unsrer Gattin Galan.

Aber wenn wir an dem neuen Strande zechen
Und den Fraun im Spaß die Schenkel brechen –
Algenmoosumkränzt,
Sklaven sind die Sassen, wir sind Lorde:
Rauschts in unsern Augen blaue Fjorde,
Die das Nordlicht rosa überglänzt.

Sternschnuppen

Als ein seliger Vagant
Zieh ich in der Sterne Horden,
Streu von meines Schiffes Borden
Goldne Körner in das Land.

Wo ein Mädchen hellen Blicks
Eines Strahles Bahn ergattert,
Fühlt sie leuchtenden Geschicks,
Wie ihr Wunsch zum Stern entflattert. –

Süßer Vogel, halte still,
Komm in meine Sternkajüte,
Sag, was deine süße lütte
Herrin Gutes von mir will ...

Wünsche

Wenn du des Nachts die große Stadt durchstreifst,
Und deine Wünsche in den Ampeln hängen,
Versuche, daß den Willen du begreifst,
Aus dem sie ins erhaben Dunkle drängen.
Sie flüchten früh vor ihrer Blondheit Glanz,
Aus der sie gerne Mörderstricke flöchten.
Ihr Dasein ist auf Strahlenschuhn ein Tanz –
Sie bringen Leben, wo sie sterben möchten.

Verfluchte Schweinerei

Verfluchte Schweinerei,
Als man mich machte,
Da war ich nicht dabei,
Und meine Mutter lachte. –
Und als ich kam, ich dachte,
Ich wüchse wie bisher,
Zög still als Wolke überm Meer –
Aber Wolke wurde Regen,
Aber Regen wurde Quelle,
Und nun wälze ich gewaltsam
Meine Welle
Hin zum Meere unaufhaltsam.
Wann werd' ich wieder Wolke sein?

Im Sonnenschein, im Stürmeschrein
Hoch über allem Volke sein?

Schlaflose Nacht

Übermüdet, schlaflos lieg ich in den Decken,
Schon malt der junge Tag lichtgraue Flecken
Auf Ofen, Stuhl und Lampenknauf.
Das Fenster steht sperrangelauf.
Ein Hund läuft über den Asphalt, sein Halsband klappert.
Es tickt wo eine Uhr. Der Bäckerjunge tappert
Und schleppt im Sack Verschlafenheit und Bemme.
Von nebenan schwirrt, summt aus der Kaschemme
Ein trübes Lied auf trübgestimmter Zither.
Die Zunge jappt im Gaumen rauh und bitter,
Ich hole dürstend Glas mir und Karaffe –
Da ist die Sonne jenseit aufgetaucht,
Von rosagelbem Wolkendampf umraucht,
Und formt im Glase eine Goldagraffe,
Als wolle sie die letzten grauen Schlangen
Der Nacht mit einer goldnen Schlinge fangen.

Wieder

Wieder willst du zu mir schleichen
Durch die dunkle Nacht.
Alle Kluggedanken weichen
Deinem wilden Unbedacht.

Und du bittest,
Daß ich wieder sei wie einst.
Littest
Du? – (Du weinst ...)

Weisse Mäuse

Er kaufte auf dem Jahrmarkt sich zwei weiße Mäuse
Und tat sie in ein gläsernes Gehäuse.
Nun machen sie Männchen, lecken ihre Pfoten
Und sehen dich mit ihren roten
Äuglein ein wenig melancholisch an
Und springen plötzlich auf – und dann
Beginnt ein tolles Laufen: die eine rechts herum, die andre links.
Und ihre feinen Stimmen pfeifen spitz, und klingts
Als splittre sich vom Glase jeder Ton,
Als wolle es den beiden
Im nächsten Augenblicke schon
Gelingen,
Mit ihrem schrillen Singen
Die Glaswand zu durchschneiden.

Winterlandschaft

Das Hügelland wogt wie ein weißes Meer im Schnee,
Vom Himmel nieder wuchten violette
Schneewolken, eine dichtverschlungne Kette,
Die in der Luft an roten Öfen hängt –
Die Sonne brannte sie –
Am Horizonte aber wölbt sich aus der weißen Flur ein Berg,
Mit Tann bestanden, schwarz gekappt,
Ein ungeheurer Igel, der den Schneefall
Von seinen Borsten schläfrig schüttelte.

Blumentag

Die kleine Gräfin spricht:

Wie befreit ich atme!
Keckheit wurde Pflicht –
Lächelnd zieh ich vom Gesicht
Schleiertuch der Fatme.

Denn wie Morgenländerin
Ging ich sonst behütet,
Mutter hat gewütet,
Wenn ich lächelte ...

Aber heute springt mein Blick
Über alle Hürden,
Meines Standes Bürden
Werfe ich zurück.

Keinem Gegenblicke will ich wehren,
Schaffner und Kommis –
Ach, ich wußte nie,
Daß sie liebe Menschen wären.

Hefte ich die Margerite
Ihnen an die Brust,
Fühle ich Lust um Lust,
Wie mein Herz erzittert ...

Ich habe ja ein Kind

Ich habe ja ein Kind,
Nun kann ich nicht mehr sterben,
Wenn meine Augen tot und blind,
Dann hab' ich einen Erben.

Alle meine Träume flattern
In meines Kindes Augen wieder mit blauen Flügeln auf,
Schießen zwitschernd um seines jungen Turmes sonnegoldnen
    Knauf,
Wenn dumpf schon ferne die Gewitter rattern.

Du wirst mich ganz erfüllen,
Und meine Unruh stillen,
Mein Kind ... du überwindest mein Martyrium.
Wenn ich begraben werde,
Wirf du die erste Handvoll Erde
Auf meinen Sarg – und dreh dich lachend um.

Geh hin zum neuen Leben,
Mehr kann ich dir nicht geben,
Als was ich war ... und ich war ich.
Mein Blut soll in dir singen,
In meine Tiefe dringen,
Wenn längst sich Wurm auf Wurm in meinen Schädel schlich.

Es hat ein Gott

Es hat ein Gott mich ausgekotzt,
Nun lieg ich da, ein Haufen Dreck,
Und komm und komme nicht vom Fleck.

Doch hat er es noch gut gemeint,
Er warf mich auf ein Wiesenland,
Mit Blumen selig bunt bespannt.

Ich bin ja noch so tatenjung.
Ihr Blumen sagt, ach, liebt ihr mich?
Gedeiht ihr nicht so reich durch mich?
Ich bin der Dung! Ich bin der Dung!

Ironische Landschaft

Brauner Äcker welliger Zug,
Draus zweiarmig eine Mühle wächst.
Ein paar Pflaumenbäume, wahllos hingeklext,
Ruhn auf eines Hügels schlankem Bug.

In der Ferne seh ich ein paar Föhren,
Stolzen Wuchses, mit Giraffenbeinen,
Und sie scheinen
Mir dem Fiskus zu gehören.

Der Turm

An diesen Hügel steingebannt
Steh ewig ich als Luginsland.
Der blaue Himmel mir zu Häupten,
Sternschnuppen, die ihr Gold zerstäubten,
Und Mensch und Hirsch und Strom und Knick
Sie leben nur für meinen Blick.
Hoch bin ich gegen sie gefeit,
Nie hat mich Wunsch und Tat entzweit,
In ihre Niederung zu steigen.
Dies mein Geschick: zu schauen und – zu schweigen.

O Glück! O Schmerz!

O Glück, so in den Tag hineinzusprühn,
Ich lasse mich bald hier- bald dorthin glühn
Von einem Mädchenblick, von einer Hand,
Die, weiß nicht wie, die meine fand
Und mich nun einen Augenblick umspannt,
Vielleicht auch zwei, vielleicht auch eine Nacht ...
O Schmerz, wenn schmerzlich dann die Früh erwacht!
Das Zimmer ist so blaß, die Luft so kalt,

Das Herz so müde – und das Weib so alt.
Und jene Hand, die Licht in Nacht geblößt,
Hängt steif am Bettrand, irgendleidbeschwert,
Ist nur gefaßt noch, nicht begehrt,
Hat mutlos sich und stumm und wie ein weißer Traum von uns
    gelöst.

Sommernacht

Mit des Mondes Silberauge
Träum' ich in die blaue Welt.
Scharf ergießt sich meines Blickes Lauge
Über Dorf und Feld.

Aber in die Ferne
Dringt mein Blick verweint.
Sind es Lichter, sind es Sterne?
Berg und Himmel wohl vereint.

Hügel … Himmel … Ich verfehle
Eure Grenze gern …
Und so weißt auch du nicht, Seele,
Ob du Licht bist oder Stern.

Still schleicht der Strom

Still schleicht der Strom
In gleicher Schnelle,
Keine Welle
Krönt weiß die Flut.

Steil ragt die schwarze
Gurgelnde Tiefe.
Da ist mir, als riefe
Mich eine Stimme.

Ich wende das Auge
Und erbleiche:
Denn meine Leiche
Tragen die Wasser …

Nebel

Der Nebel hängt um Mensch und Dinge
Die Schleier der Verdrossenheit.
Ein jeder läuft im eignen Ringe,
Weiß keinen Freund sich zum Geleit,

Führt sich behutsam wie ein Kind,
Das furchtsam in das Dunkel weint,
Und dem der Wind,
Der in den Telegraphenstangen greint,
Der Seufzer eines bösen Gottes scheint.

Die Geburt

Der Vorhang läßt nur mattes Licht herein,
Sie windet sich auf tränennassen Kissen,
Sie hat die Zähne in den Daumen fest gebissen,
Daß blau er schwillt. Sie hält es nicht … muß schrein,
Es rast heraus, es bricht sich an den Wänden
Der grause Ton und klopft mit fürchterlichen Händen …
Da schlägt hoch über aller Wipfel Glut die Flamme …
Ein rosig, klumpig Etwas trägt die Amme.
Der Sanitätsrat hat den Ärmel aufgekrempelt,
Indem er diesen roten Fleck zu einem Knaben stempelt.
Dem Vater perlt der kalte Schweiß.
Die Mutter aber lächelt, und sie weiß,
Es singt mit Harfen und mit Flöten ihren Ohren:
Ich habe einen *Gott* geboren!

Gleichnis

Schlendern sie nicht mit verbundenen
Augen durch das Leben?
Ach, sie können die gefundenen
Perlen nicht in ihre Blicke heben.

Mancher füllte seine Schale
Mit den silberklaren Kieseln,
Und er ließ sie manche Male
Hell durch seine Finger rieseln.

Und sie schnurren wie die Kunkeln,
Wenn die Hände sie durchwühlen ...
Aber ihr durchsonntes Funkeln
Läßt sich *schauen* nur – nicht fühlen.

Ich hasse alle

Ich hasse alle und bin ihnen gram,
Die nicht von mir wissen,
Daß ich diesen oder jenen Witz gerissen,
Daß ich diesen oder jenen Kuß von diesen oder jenen Lippen
    nahm.
Ich werfe mein rundes Herz in die Welt,
Geballt wie eine Glaskugel, die splitternd zerschellt.
Du findest einen Splitter,
Der in der Sonne silbern flammt.
Ich aber steh hinter dem Gitter
Und bin verdammt.
Ich habe die Glaskugel nur über das Gitter geschmissen.

Resignation

Ja, so geht es in der Welt,
Alles fühlt man sich entgleiten,
Jahre, Haare, Liebe, Geld
Und die großen Trunkenheiten.

Ach, bald ist man Doktor juris
Und Assessor und verehlicht,
Und was eine rechte Hur is,
Das verlernt man so allmählicht.

Nüchtern wurde man und schlecht.
Herz, du stumpfer, dumpfer Hammer!
Ist man jetzt einmal bezecht,
Hat man gleich den Katzenjammer.

Salvatorkeller

Das ist der Sommer, der die Busen bauscht,
Der Mummelgreise in Apollos tauscht.
Im Dunkeln zittern Frauensilhouetten,
Umschwankt von unsichtbaren Rosenketten.

Doch ach! Schon bei den ersten Gaslaternen
Spürt die Verwesung man, erstrebt den fernen
Salvatorkeller, um beim Glase Märzen
Den Sommerkummer milde auszusterzen.

Pubertät

Durch die Gassen jeden Abend
Schweife ich, und nach der Jause;
Niemals noch erreicht es habend,
Ziehe wedelnd ich nach Hause.

Für die fleischlichen Gelüste
Such' ein passendes Objekt ich.
Hübsches Antlitz, pralle Brüste –
Aphrodite, ach versteckt sich!

Jeden Abend, o wie gräßlich,
Sind sie immer überschminkter,
Immer häßlicher als häßlich.
Mein Verstand, die Hände ringt er.

In der Zeitung morgen stehe
Jedes Mädchenherz bewegend:
Netter Jüngling sucht zwecks Ehe
Jungfrau, wenn auch unvermögend.

Die Infantriekaserne

Hinter diesem kleinen Feldchen
Steht ein grau verhutzelt Wäldchen,
Über seinen Gipfeln ferne
Blinkt die Infantriekaserne.

Viele schöne rote Dächer
Streckt sie in die Luft wie Fächer. –
Ach, der schönen Wanderin
Ward ein wenig schwül zu Sinn.

Ja sie trippelte und hetzte,
Weil sie was in Glut versetzte,
Und ihr Auge, heiß und gier,
Späht nach einem Musketier.

Dieser hockt im Fenster träge,
Eine Pfeife im Gehege.
Ach, wie wär er doch so gerne
Aus der Infantriekaserne!

Soldatenlied

Es ist kein schöner Leben,
Als Musketier zu sein,
Sein teures Blut hingeben
Ums Vaterland allein
Für zweiundzwanzig Pfennige ...

Wir schmeißen unsre Beine
Wohl im Parademarsch.
Der Hauptmann heißt uns Schweine,
Der Leutenant ist weniger barsch
Für zweiundzwanzig Pfennige ...

Wenn nicht die Madeln wären
In Küche und in Haus,
Die unsern Rock verehren,
Wie hielten wir es aus?
Für zweiundzwanzig Pfennige ...?

Sie aber stehn des Abends
Um Acht vor der Kasern',
Und Wurst und Schinken habens,
Die ißt ein Musketier so gern
Für zweiundzwanzig Pfennige ...

Doch sind die beiden Jahre
Vergangen und zu End:
Schorschl ade und Kare,
Und Mari, nicht geflennt!
Für zweiundzwanzig Pfennige ...

Ich bin gelernter Schuster,
Such mir mein Unterhalt,
Und hab ich ihn gefunden,
Juchhe! dann ist die Hochzeit bald ...
Für zweiundzwanzig Pfennige ...

Hinter dem grossen Spiegelfenster

Hinter dem großen Spiegelfenster des Cafés
Sitz ich und sehe heiß auf das Straßenpflaster,
Suche im Treiben der Farben und Körper Heilung meines sentimentalen Weh's,
Sehe viele Frauen, Fremde, bunte Offiziere, Gauner, Japaner, sogar einen Negermaster.
Alle blicken sie zu mir und haben Sehnsucht nach der Musik im Innern,
Wollen träumerisch- und sanfter Töne sich erinnern.
Aber ich, an meinen Stuhl gebannt und gebrannt,
Starre, staune nach draußen unverwandt,
Daß jemand komme, freiwillig, nicht gedrängt,
Ein blondes Mädchen ... eine braune Dirne ...
In rosa, gelber, violetter Taille ...
... Oder meinetwegen eine dicke Rentierkanaille
Mit schmalzigem, verfettetem Hirne –
Nur daß er mir für fünf Minuten seine Gegenwart schenkt!
Ich bin so einsam! Einsamer noch macht mich die süße Operette ...
O läg ich irgendwo in dunkler Nacht,
Ein Kind, in einem Kinderbette,
Von einer Mutter zart zur Ruh gebracht ...

Sanatorium

Die Spatzen singen und der Westwind schreit,
Sachtsummend rollt der Regen seine Spule.
Der weiße Himmel blendet wie verbleit,
Verrostet krümmt er sich im Liegestuhle

Auf der Veranda. Neben ihm zwei Huren
Aus der Gesellschaft, syphilitisch eitel.
Sie streicheln zärtlich seinen Schuppenscheitel
Und sprechen von Chinin und Liegekuren.

In ihren grauverhängten Blicken duckt er,
Der Morphiumteufel hinter Irismasche.
Er hüstelt, hustet, und zuweilen spuckt er
Den gelben Auswurf in die blaue Flasche.

Sie schenkten ihm freundschaftlich Angebinde,
Als er zum ersten Male in den Garten stieg,
Je eine Liebesnacht – als drüben in der Linde
Der Kuckuck *einmal* rief (für alle drei) – und schwieg.

Epitaph als Epilog

(Für Bry)

Hier ruhen siebenundzwanzig Jungfrauen aus Stralsund,
Denen ward durch einen Interpreten des Dichters neueste Dichtung kund.
Die hat die empfindsamen Mädchenherzen so sehr begeistert,
Daß auch nicht eine mehr ihr Gefühl gemeistert.
Man hängte sich teils auf, teils ging man in die See.
Nur eine ging zum Dichter selbst. (Und zwar aufs Kanapee.)

Der himmlische Vagant

Ein lyrisches Porträt von François Villon

1

François Montcorbier, genannt Villon,
Geboren Vierzehnhunderteinunddreißig,
Als Schüler faul, als Buhler strebsam fleißig,
Aus dunkelstem Paris, und darob lichtscheu.
Mit Faltern schwebend, Blüten blühend, pflichtscheu.
Bekannt von Meung sur Loire bis Roussillon,
Der Leibpoet des Herzogs von Bourbon
Und Leibpoet des letzten Straßenweibs,
Bedacht auf sondre Art des Zeitvertreibs,
Landstreicher, Gauner, Dieb, Zechpreller – und
Hündischer oft traktiert als der geringste Hund,
Um eines Haares Breite Mörder gar,
Mitglied der Bruderschaft der coquillards –
Liegt hier begraben: was er lebt' und litt,
Teilt er euch in des Meisters Werken mit.
Lag seine Stirn im Kot, sein armer Leib im Kofen,
Aus seinem Munde klang ein goldner Chor von Strophen.
Die Hand, mit Blut befleckt, schrieb heiligstes Gedicht.
Das erdendunkle Herz entzündet Sternenlicht.
Als er am Himmelstore angelangt,
Hat die Madonna selbst gebetet und gebangt.
Gottvater ließ ihn gnädig in den Himmel ein:
Weil du mich stets gesucht, sollst du willkommen sein.
Gefunden hast du mich. Du bist Poet nicht mehr.
Tritt als ein Engel in das selige Engelheer.
Da lächelt Villon ernst – und schluchzt mit einemmal:
Ich komme aus der allertiefsten Hölle Qual.
Läßt du die Mörder, Diebe, Fälscher, Ehebrecher,
Die Dirnen, Räuber, Säufer, Gauner, Degenstecher,
Die meine Brüder sind, nicht in den Himmel ein,
So soll die Seligkeit mir nicht vorhanden sein.
Nicht eine Stunde blieb ich selig, wenn ich wüßt,
Daß in der Höll ein armer Bruder leiden müßt.
Gottvater, lebe wohl! Ich will kein Heuchlerglück!
Zu meinen Brüdern kehr ich in die Höll zurück.

Und bin erst wieder hier, wenn die Posaune lehrt,
Daß Gott dem Ärmsten auch das himmlisch Reich gewährt.
Daß Gott dem Letzten auch ob seiner Tat nicht grollt,
Die ohne Gott nicht wär – denn Gott hat *ihn* gewollt.
Schenk allen Erdenwandrern die ersehnte Ruh! –
Und hob die Hand zu Gott. Und sank der Tiefe zu.

2

Ach, verloren ist verloren –
Unaufhaltsam ziehn die Fluten.
Wer dahier zu spät geboren,
Kommt zu spät zu allem Guten.
Ja, ihn sollt der Teufel holen,
Selbst sein Weib: hat schon ein anderer.
Als ein kümmerlicher Wanderer
Tippelt er auf blanken Sohlen.

Ach, verloren ist verloren –
Laß die schwarzen Würfel fallen.
Einmal bist du doch erkoren,
Wenn die schrillen Flöten schallen.
Setz dein Sein auf eine Karte:
Weib und Kind und Gott daneben –
Nur im Tode darfst du leben,
Mors, entfalte die Standarte!

3

Und schick noch einmal deine Raben,
Die Raben, die Elias speisten.
Wir haben nichts mehr, was wir haben.
Die Drüsen faulen in den Leisten,
Den Abfall fraßen längst die Schaben.

Die Flöhe springen vom Skelette,
Die Glocken schweigen in den Strängen.
Die Wanzen wandern aus dem Bette.
Nichts bleibt uns als die Schädelstätte
Und als ein Kreuz, uns dran zu hängen.

4

Der Mutter

Öfter hast du mich gescholten,
Glaubtest meinen Pfad verwunden,
Hast das Ende nicht gefunden,
Dem mein wilder Lauf gegolten.

Aber hoben deine Hände
Sich in meine, quollen Tränen.
Heiß aus mutterheißem Sehnen
Blühten Rosen ohne Ende.

5

Was dich immer heiß umfasse:
Mannesleib und Luft:
Sei der Sehnsucht süßer Sasse
Über Gram und Gruft.

Beichter mag sich leichter geben,
Schwerer schwärmt das Muß.
Lache, Seufzer! Klettre, Rebe!
Kühle, kühle ... Kuß!

Dunkel liegt schon die Terrasse,
Und der Mond geigt grau.
Was dich immer heiß umfasse:
Fühle, fühle ... Frau!

6

Rausche, Laub, am braunen Hang,
Rausche deine bunten Blätter
Mir hernieder in den Gang.

Erst fiel eines wie ein Tropfen
Ferner Wetter.
Nun sinds viele, die wie Schmetter-
linge tot den Boden klopfen.

Und vom Baum sah ich ein Blatt sich falten.
Ist es eine Blüte? Farbentrunken
Ist sie schon auf mich herabgesunken,
Und die Hände
Halten
Eines Jahres Sonnenbrände.

Rot und glühend zuckte es im Teller
Meiner Hand, auf der die Blicke brannten,
Während meine wehen Sohlen schneller
Durch das tote Laub am Boden rannten.

7

Ich lieb ein Mädchen, welches Margot heißt,
Sie hat zwei Brüste wie zwei Mandarinen.
Wenn wir der holden Göttin Venus dienen,
Wie gern mein Mund in diese Früchte beißt.

Ich lieb ein Mädchen, welches Margot heißt.
Doch wer sie liebt, muß sie zuweilen prügeln.
Es läßt sich leicht nicht ihre Wildheit zügeln,
Wenn man sie tändelnd nur als Eva preist.

Ich lieb ein Mädchen, welches Margot heißt,
Bewandert in den Liebesdialekten,
Die schon die alten Phrygier entdeckten.
(Gebenedeit sei ihr antiker Geist!)

Ich lieb ein Mädchen, welches Margot heißt.
Sie wohnt in einem schmutzigen Bordelle,
Man zieht an einer rostigen Klingelschelle,
Worauf Madam den Gast willkommen heißt.

Ich lieb ein Mädchen, welches Margot heißt.
Ich liebe diese ganz allein, nur diese.
Der Louis fand die passende Louise –
Bis man die Scherben auf den Müllplatz schmeißt ...

8

Nun steigt der Morgen übern Zaun
Graugrün wie ein Askete.
In heller Sonn, wenn Veilchen blaun,
Gilt Rausch nicht und Rakete.

Und was dir heut am Halse hing:
Dies Heut ward schon zum Gestern.

Was ich mir fing: es ging das Ding
Zu seinen toten Schwestern.

Traum stürzt und Träne feuerheiß
Aus meinem blinden Blicke.
Mir winken, was ich will und weiß:
Dolch, Fallbeil, Gift und Stricke.

9

Sommerabende, ihr lauen,
Bettet mich auf eure Kissen,
Laßt in Fernen, dunkelblauen,
Meiner Träume Wimpel hissen.

Stunden, die am Tag sich placken,
Feiern nächtlich froh verwegen,
Und ich fühl um meinen Nacken
Zärtlich sich zwei Arme legen.

Ist die Seele liebeswund?
Heißren Atem haucht der Flieder,
Und der rote Himmelsmund
Neigt sich üppig zu mir nieder.

10

Ich bin von Feuerringen
Umkreist zu meiner Not.
Ich hör die Vögel singen
Im hellen Abendrot.
Sie schweben und sie schwärmen
Und singen sich zur Ruh.
Sie leben und sie lärmen.
Wozu?

Wir halten uns umfangen
In Nacht und Paradies.
Die Abendglocken klangen
Aus dumpfestem Verließ.
Wir wissen unsrer Hände
Und Herzen einen Pfad.
Wer weiß, wie bald das Ende
Uns naht.

11

Ich bin so weit von dir entfernt!
O dieses Elend, das die Brust durchlärmt.
Bin ich es denn, der dunkel im Gesicht
So Stern auf Stern in blaue Zelte flicht?
Wie habe ich den Tag so trüb verbracht
Mit Würfelspiel und künstlicherer Nacht.
Nichts will ich, als dich lieben; nimm mich hin,
Weil ich in deinem Netz gefangen bin.
So schwer schon sinkt aufs Blatt mir Haupt und Kinn,
O aller Strahlen schöne Spinnerin!

12

Ich schlage schamlos in die Tasten.
Die Ampel tönt. Es zwitschert das Bordell.
Die schlanken Knaben bleich vom langen Fasten
Erheben kühl sich vom kastalschen Quell.

Sie werfen ab die wolligen Gewänder,
Die Hemden kurz, die Mutter einst genäht.
Sie schweben engverschlungne Negerländer,
In denen palmengleich die Liebe steht.

Es neigen sich mit ihren schmalen Mündern
Die Huren in den unerfahrenen Schoß,

Und sie empfangen von den blassen Kindern
Lächelnd ihr gutes oder schlimmes Los.

13

Es wuchs ein Schatten aus der Nacht,
Hat wie ein Sarg mich überdacht,
Der mich dem Tod versöhnte.
Wie lag ich ewig! lag ich tief!
Über mir Scholle an Scholle schlief,
Und sanft des Lebens Hufschlag dröhnte.

Die Zeit verscholl. Es schwoll der Berg,
Aus meiner Brust sproß Wurzelwerk
Und brach die braune Hülle.
Da schwang der Himmel sein Panier
Zum ersten Male über mir
In meiner Augen Fülle.

Die Welt war neu, die Welt war bunt,
Aus meiner Augenhöhlen Grund
Kornblume sprang mit blauen Blicken.
Und aller Schmerz, den ich geweint,
Er hat in Wolken sich vereint
Und rinnt, die Felder zu erquicken.

14

Weil du von mir ein Kind erhältst,
So willst du dich erhenken
Und mir mit einem Gott vergelts
Dein junges Leben schenken?

Weißt du wohl, was ich damit tu,
Ob ichs zu Staub zerreibe?
Ich spiele es den Sternen zu,

Ich spiele es den Fernen zu,
Damit es leuchten bleibe!

Da nun die Lust in dir verwest:
Laß mir den Sohn am Leben!
Wenn Wolke du in Winden wehst
Und bei den ewigen Träumen stehst,
Wird *er* mir Erde geben ...

Weil du das Kind in mir erlöst,
So willst du dich erhenken?
Du sollst noch einmal, eh du gehst,
Mir deine Jungfraunschaft schenken.

15

Soll man denn den Dichtern trauen?
Ihr Geschäft heißt: Lob der Frauen.
Selbst der blinde Dichtervater
Schnurrt gleich einem Frühlingskater,
Harft er von der Helena,
Die sein Auge niemals sah.
Trumpf ist beides: blond und braun.
Doch die Krone aller Fraun,
Wild und mild und bittersüß
Sind die Mädchen von Paris.

Dunkle Italienerinnen
Mögen Liebesfäden spinnen.
Eine Deutsche, eine Türkin
Mag auf manchen Jüngling wirken.
Mit der schlanken Angelsachsin
Fühlt man seelisch sich verwachsen.
Trumpf ist beides: blond und braun.
Doch die Krone aller Fraun,
Wild und mild und bittersüß
Sind die Mädchen von Paris.

Welche Szene: an der Seine:
Eine Nymphe! Eine Schöne!
Gleicht ihr Leib nicht der Alhambra
Hoch gebaut? Es atmen Ambra
Ihre tulpenroten Lippen,
(Die am liebsten Portwein nippen ...)
Schopf und Schoß: ein goldnes Braun
Bei der Krone aller Fraun,
Wild und mild und bittersüß
Sind die Mädchen von Paris ...

16

Ich bin von dir so müde,
Die Nacht ist ohne Ruh.
Ich seh mit hellen Augen
Dem Spiel des Dunkels zu.

Du stießest in mein Blut
Brennende Füchse – auf der Philister Fährde,
Und nun verbrennts.
Mein Schrei fällt auf die Erde
Wie Samenkorn im Lenz:
Simson! Simson!

17

Die Herzogin Antoinette,
Weiß wie Schnee,
Reißt rauh der Henker vom Bette.
Sie lächelt: Bonjour, monsieur ...

Sie trippelt die Treppe
Empor zum Schafott – o weh,
Sie tritt auf die Mantelschleppe
Dem Henker: Pardon, monsieur ...

Ein Seufzer. Ein Hauch. Ein Röcheln.
Rot sprießt der weiße Klee.
Der Herzogin letztes Lächeln
Sagt: Revoir, monsieur ...

18

Ich bin gemartert von Gewissensbissen,
Daß ich noch nichts auf dieser Welt getan.
Mit ein paar Flüchen, ein paar Mädchenküssen,
Da hört es auf, da fängt es an.
Ich aber fühle Strom mich unter Flüssen,
Doch flösse ich bergauf und himmelan –
Das Aug, das ich zum guten Werk erhoben,
Es darf nur einer Dirne Brüste loben.

Wie oft, wenn ich mit den Kumpanen zechte,
Klang eine Trommel dumpf, die Buße bot.
Ich warf mich hin, auf daß mich einer brächte
Und stelle einsam mich ins Abendrot.
Der aber klapperte mit Würfeln, und die schlechte
Gesellschaft furcht ich, wenn Gelächter droht.
Ich bin so müde meiner Spielerein
Und möchte Mensch einst unter Menschen sein.

Doch niemand ist, der meinen Worten traute,
Es wird mein Leichnam erst auf Lorbeer ruhn.
Ich reiße von der Wand die dunkle Laute,
Um doch in Tönen eine Tat zu tun.
Das Lied ist aus. Der grüne Morgen graute.
Im Hofe bellt der Hund, es kräht das Huhn;
Und während alle rings zum Tag erwachen,
Entschlaf ich trunken unter Wein – und Lachen.

19

Dies ist das Lied, das Villon sang,
Als man ihn hängen wollte.
Er fühlte um den Hals den Strang,
Er sang das Lied den Weg entlang,
Der Schinderkarren rollte.

Hängt mich den Schurken zum Alarm
Nur hoch in alle Winde!
Wegweiser schlenkere mein Arm,
Er weist den Weg dem schlimmen Schwarm
Und manchem braunen Kinde.

Einst hat der Teufel mich gekirrt,
Nun hör ich Bäume singen.
Ich fühle Gott. Mein Auge schwirrt.
Mein Leib, mein armer Leib er wird
Als Aveglocke schwingen.

20

Ich bin gefüllt mit giftigen Getränken,
Ich speie Eiter, wenn ich wen besah;
Ich fluche jedem heiligen Hallelujah
Und will ein Pestgewand als frohe Fahne schwenken.
Ich stehle Geld wie Sand –
Ich werfe Brand ins Land,
Und dennoch, Wolke, wagst du dich zu schenken?

Ich bin verbittert und mit Gram verschlossen,
Und nur ein Messer öffnete mein Herz.
Faul stinkt mein Atem, meine Faust ist Erz,
Ich schlafe selig in verdreckten Gossen,
Ich reite nackt auf ungezähmten Rossen,
Ich bin bei Spiel und Wein

Allein und ganz allein
Und von den Tränen fremder Fraun umflossen.

O möcht ich einmal nicht als Licht mehr scheinen!
Und nicht mehr Stunde sein und Zeit der Nacht!
Ich habe meinen Sohn zu Tod gebracht;
Ich hüllte seine Gliederchen in Hemdenleinen,
Ich grub ein Grab ihm unter Pflastersteinen –
O Wolke, wer du seist,
Ich grüße deinen Geist,
So wolle, Wolke, wolle für mich weinen!

21

Die Sanduhr rinnt. Das Licht verbrennt.
Man färbt sich den Bart mit Listen.
So richt ich denn mein Testament
Wie alle guten Christen.

Wo ist mein fester Blick? Ich bin
Ein Säufer und taumle und stiere.
Ich vermache mein Doppel- und Stoppelkinn
Meinem Hofbarbiere.

Hier dieses Herz: es zuckte und hing
An allem Erlauchten und Edeln.
Es mag ein fünfzehnjähriges Ding
Die Fliegen sich damit wedeln.

Hier diese Hand: einst Hieb und Stich
Beim Becher und beim Degen –
Sie mag versteint und verknöchert sich
An eines Bischofs Wange legen.

Mein Liebeswerkzeug sei vermacht
Der lieben süßen Margot.

Sie betet es an um Mitternacht
Im fürchterlichsten Argot.

Und meinen Haß: ich schenke ihn
An jedermann und alle.
Sie sollen ihn sich auf Flaschen ziehn
Als Gift und grüne Galle.

Mein Wappen und mein Rittertum
Einem unehlichen Kinde:
Es schrei meine Ehre und meinen Ruhm
In alle Budiken und Winde.

Gegeben Gefängnis Meung sur Loire,
Verlaust, wie ein Tier hinter Stäben,
Von einem, der einst ein Dichter war
In diesem und jenem Leben.

22

Aus der blassen Dämmerung
Fuhren deine Silberblicke
Wie zwei Speere. Im Genicke
Fühlt ich ihren Eisensprung.

Und es warf mich auf das Fließ.
Wie ein Sterbender die Hände
Hob ich in die roten Brände
Deiner Seele, welche mich verstieß.

23

Einmal aber wird es sein:
Gott Apollo löscht die Sterne,
Ferner wurde jede Ferne,
Und im Sand verrann der Wein.

Einmal wird der Wald verwesen,
Einmal wird das Licht vergehn,
Und die Frauen, die so schön,
Sind gewesen ... sind gewesen ...

Küsse finden keinen Gatten.
Sinnlos taumeln die Gebärden;
Leise gute Ziegenherden
Weiden tot auf Schattenmatten.

Das Geläut der Uhr verstummte,
Mondes Antlitz ist verweint.
Und ein leeres Fenster scheint,
Wo die große Fliege brummte.

Im verwaisten Tannenhain
Steht der Engel der Vernichtung,
Tränen blühen auf der Lichtung,
Und ich werde nicht mehr sein.

24

Ohne Heimat in der Fremde
Bin ich ganz auf mich gestellt,
Und mein Herze und mein Hemde
Sind mein alles auf der Welt.

Um ein Lächeln leichten Mundes
Geh ich schwärmend in den Tod.

Mit den Brüdern meines Bundes
Sauf ich bis zum Morgenrot.

Schwäre hat den Leib zerfressen.
Sonne selbst hab ich verspielt –
Über allem unvergessen
Schwebt die Seele, welche fühlt.

25

Nahte ich als Held und Beter
Unter Stürmen und Zypressen,
Ach, vergossen! ach, vergessen!
Regen-schnitter! Leise-treter!

Mir versagts, dich zu begatten,
Da ich kindlich an dir hänge.
Wirf den Bastard der Gesänge
Zu den Molchen und den Ratten.

Welt schien Schein und Ampel weiland,
Deine Brüste goldne Glocken,
Nacht und Blut und weiße Flocken
Sinken elend auf mein Eiland.

Und du lächelst meiner Tränen,
Rufst zum süßesten Alarme.
Laß mich an die Steinwand lehnen,
Daß den Stein ich doch umarme.

26

Wo ist Flora, gebt Bescheid,
Deren Brüste Rom entbrannten ...?
Archipiada weilt so weit
Mit der holdesten Verwandten ...
Echo, Wogenruferin –
Scham und Schönheit schritt zur Bahre –
Alle, alle sind dahin
Wie der Schnee vom vorigen Jahre ...

Heloise, Amors Sklavin,
Deren Liebster ein Eunuch ...
Mönch- und Menschenelend traf ihn,
Und der Seufzer schwoll zum Fluch.
Und die Buridan geliebt –
Fische hüpften Totentänze –
Alle, alle sind zerstiebt
Wie der Schnee vom letzten Lenze ...

Blanche! Sirene! Die den leisen
Leib wie Liliensichel schwang!
Berthe, die wir als männlich preisen
Und Jeanne d'Arc von Orleans,
Die zum feurigen Gebet
England schleift am heiligen Haare –
Alle, alle sind verweht
Wie der Schnee vom vorigen Jahre ...

Frage nimmer: Schmerz zuviel hing
Traubenschwer im Herzen inn...
Alle, alle sind dahin
Wie der Schnee vom letzten Frühling ...

27

Wenn Zigeuner glitzernd geigen,
Müssen arme Herzen tanzen,
Aus dem Fasse springt der Banzen,
Wenn wir heilig saufend schweigen.

Mit den Teufeln, mit den Engeln
Fahren wir auf gleichen Bahnen.
Hängen an den Brunnenschwengeln,
Rauschen in den freien Fahnen.

Mit der Päpstin Jutta schlafen
Wir im nonnenwarmen Bette,
Wandeln mit den guten Schafen,
Rasseln in der Sträflingskette.

Rom erzittert in den Sümpfen,
Wo die Kardinäle lallen,
Während kopflos steile Stümpfe
Wir in blauen Äther fallen.

28

Was du immer hältst in Händen,
Mädchen oder Buch.
Ach, wie bald wird es sich wenden,
Und die weißen Frauenlenden
Deckt ein schwarzes Tuch.

Asche wird die süße Zofe,
Lippe ist versteint.
Stoß das Fenster auf: im Hofe
Schnattern Gänse um die Kofe,
Und ein Bettler weint.

Deine Verse sind Gesaber
Eines hohlen Herrn.
Nichts als wennschon oder aber –
Häng dich an den Kandelaber
Unter Sturm und Stern.

Deine Beine mögen baumeln,
Und dein Haupt benickt
Welche weinwärts singend taumeln,
Plötzlich von dem grellen traumhelln
Eulenschrei zerdrückt.

29

Die sich meinethalb entblößten,
Wegen mir wie Gänse rösten
In der allertiefsten Hölle,
Denen ich Geläut und Schelle
Um die Narrenhälse hing.
Alle Jungfraun, die ich fing,
(Frug nicht erst um Eh und Freiung)
Villon bittet um Verzeihung.

Jene braven Polizisten,
Die mit plumpen Schergen-Listen
Hinter mir und meiner Bande
Jagten kreuz und quer im Lande,
Meine Mörder, meine Räuber,
Meine Ruh- und Zeitvertreiber,
Die ich brauchte zur Belebung –
Villon bittet um Vergebung.

Meine Wünsche sind wie Algen:
Baut eintausend feste Galgen
Alle meine guten Freunde,
Meine herzliche Gemeinde,
Hängt sie auf in langer Reihe –

Daß ich ihnen gern verzeihe –
Von Paris bis Roussillon,
Villon bittet um Pardon ...

30

Herbst entbrennt im letzten Flore,
Und du hast mich heut verlassen.
Frierend erst im Kirchenchore,
Strolch ich einsam durch die Gassen.

Durch die Hosen pfeifen Winde;
Meine hohlen Zähne klappern.
Mit scharmantem Hökerkinde
Hör ich Polizisten plappern.

Klamm sind meine roten Hände,
Sie vermögen kaum zu schreiben:
Daß der Sommer nun zu Ende ...
Daß selbst Dirnen mir nicht bleiben ...

In verräucherter Taverne
Sitz ich weinend nun beim Weine.
Fange Fliegen. Träume Sterne.
Und ich bin so ganz alleine ...

31

Man liest zu Hause meine Bücher,
Und mancher freut sich meiner Schrift.
Mich decken schon die schwarzen Tücher,
Und meine Lippen speien Gift.

Der Maulwurf nagt an meiner Wange,
Der Wurm betritt des Leibes Pflicht.
Schon zerrt des ewigen Arztes Zange
Den Leidenden in neues Licht.

32

Laß mich einmal eine Nacht
Ohne böse Träume schlafen,
Der du mich aufs Meer gebracht:
Führ mich in den lichten Hafen!

Wo die großen Schiffe ruhn,
Wo die Lauten silbern klingen,
Wo auf weißen, seidnen Schuhn
Heilige Kellnerinnen springen.

Wo es keine Ausfahrt gibt,
Wo wir alle jene trafen,
Die wir himmlisch einst geliebt –
Laß mich schlafen ... laß mich schlafen ...

33

Des Dichters Mutter liegt vor dir im Staube,
Maria, hohe Himmelskönigin,
Du bist mein Schild, mein Baldachin, mein Glaube,
Die ich um meinen Sohn voll Schmerzen bin.
Als einst die Welt versank, sandt Noah eine Taube
Mit einem Ölzweig übers Wasser hin.
Ich sende dies Gebet: für meinen Knaben,
Den alle Furien zerrissen haben.

Nichts will ich für mich selbst als seinen Frieden.
Ich lebe nur, weil mich sein Anblick hält.
Wär ihm ein sanftes Eheweib beschieden
In einer kleinen, aber guten Welt!
Doch seine Sehnsucht seh ich zischend sieden.
Er hustet Blut – und seine Stimme gellt.
Er wünscht voll glücklicher Gerechtigkeiten,
Die Menschen zur Vollkommenheit zu leiten.

Doch ist er herrisch. Und im Trotz entweiht er
Altar und Dom mit roher Rede Fluß.
Er steigt in Nächten auf die Himmelsleiter,
Weil er mit seinem Gotte ringen muß.
Er ist kein gegen Sünd und Zorn gefeiter,
Gefeit nicht gegen Würfelspiel und Kuß.
Doch hört ich, daß selbst Theophil gerettet,
Ob er sich gleich dem Teufel angekettet.

Ich bin ein armes Weib und ohne Wissen,
Ich weiß nur, daß auch du einst Mutter warst,
Als du von Krämpfen und von Wehn zerrissen
Herrn Jesum, unsern Heiland, uns gebarst.
Laß deine Füße, Mütterchen, mich küssen,
Und dich erflehn, daß meinen Sohn du scharst
In jenen Reigen englischer Gestalten,
Die deines Kleides goldne Schleppe halten.

34

Wenn dies das Ende wäre von allen Dingen,
Ich sänge hell die Süße aller Zonen.
Ich würde gern bei alten Frauen wohnen
Und mich im Tanz der Feuerländer schwingen.

So aber bleibt ein Letztes ungesagt.
Aus allen Totenmündern schreit es: gestern.
Und: morgen! weinen Kinder, unbeklagt.
O meine armen Brüder, meine Schwestern!

Das heiße Herz

Balladen, Mythen, Gedichte

Balladen

Der arme Kaspar

Ich geh – wohin?
Ich kam – woher?
Bin aussen und inn,
Bin voll und leer.
Geboren – wo?
Erkoren – wann?
Ich schlief im Stroh
Bei Weib und Mann.
Ich liebe dich,
Und liebst du mich?
Ich trübe dich,
Betrübst du mich?
Ich steh und fall,
Ich werde sein.
Ich bin ein All
Und bin allein.
Ich war. Ich bin.
Viel leicht. Viel schwer.
Ich geh – wohin?
Ich kam – woher?

Laotse

Er ward von einer armen Magd empfangen
Auf hartem Ackerland.
Der grosse Wandrer kam gegangen
Und nahm sie bei der Hand.

Vor ihren Augen ward es finster,
In ihrem Herzen ward es licht.

Versinkend spielte sie noch mit dem Ginster,
Ein Junikäfer schlug ihr ins Gesicht.

Und als sie um sich sah, war sie erwacht.
Der Mond berührte blinkend ihren Jammer.
Und weinend ging sie durch die goldne Nacht
In ihre schwarze Mädchenkammer.

Neun Jahre trug durch Fron und Schweiss
Sie an dem Kind, das ihr erkoren.
Die Stunde kam. Sie hatte einen Greis
In silberweissem Haar geboren.

Sein Haupt war spitz und seine Haut war welk,
Dass sie erschrak, sooft sie ihn umherzte.
Vor seiner Stirne lag es wie Gewölk.
Er sprach, als wenn ein Vater mit ihr scherzte.

Sie sass bei ihm, nicht er bei ihr, und lauschte
Und trug ihr gross und kleines Weh
Ihm an sein Ohr, das muschelähnlich rauschte.
Und lächelnd streichelte sie Laotse.

Hiob

Und war kein Elend, das ihn nicht befiel,
Und keine Seuchen, die ihn nicht bestürzten.
Es faulte sein Getreide schon am Stiel,
Ein Riff zerspellte seines Schiffes Kiel,
Und Tränen einzig seinen Abend würzten.

Sein Haus verbrannte. Seine Mutter ward
Von den Nomaden vor der Stadt geschändet.
Ein Sohn erhängte sich am ersten Bart.
Sein einziger Bruder hatte sich geschart
Der Räuberbande, die sein Vieh entwendet.

Und die die Bitternis versüsste: sie,
Die Frau aus Ebenholz und aus Granaten:
Ihr zweiter Sohn in Brünsten spiesste sie.
Mit ihren letzten Blicken grüsste sie
Den Gatten – welche wild um Rache baten.

Er aber kannte Rache nicht noch Hass,
So sehr der Schmerz sein Ackerland verwildert,
So unerschöpflich tief sein Tränenfass.
Er sang mit seinem frommen Pilgerbass
Dem Leben zu, dass sich um ihn bebildert.

Und hast du, Herr, wie Marmor mich zerschlagen,
Und gönntest du mir nicht die kleinste Tat:
Wie darf ich gegen deine Einsicht wagen
Auch nur die jämmerlichste meiner Klagen?
Du bist der Mäher und ich bin die Mahd.

Und sendest du auch Blitze, mich zu blenden,
Und machst du lahm den Leib, die Seele taub,
Und reisst du mir die Finger von den Händen:
Ich preise dennoch meiner Mutter Lenden
Und werde nimmer eines Unmuts Raub.

Dass einen Frühling ich im Licht erlebte,
Dass mir die Mutter süsse Kuchen buk,
Dass ich als Jüngling schön in Tänzen schwebte,
Dass ich am Teppich der Gedanken webte,
War dies nicht Glück und goldnes Glück genug?

Dass ich nur einmal durft mein Weib umarmen,
Dass ich nur einmal in die Sonne sah:
Dies ist soviel schon meines Gotts Erbarmen,
Dass ich der Reichste unter allen Armen –
Lob sei und Preis dem Herrn. Hallelujah!

Mohammed

Ihn warf die Mutter winselnd in die Wüste,
Umschritten vom Gefolg gestreifter Panther.
Sie fühlte frei der Löwin sich verwandter,
Die ihres Sohnes Sein mit Blut versüsste.

Er wuchs verwunschen. Wild. Und bunter büsste
Er das Gelüst, zu leben. Schön entschwand er
In das Gebirge. Als des Gotts Gesandter
Stand steinern er im Steine, den er grüsste.

Es durfte mancher höher sich erheben,
Und mancher stürzte tiefer in den Schacht,
Wo schwarz von Russ die dunklen Engel schweben.

Doch keiner hat so licht wie du gelacht,
Und keiner konnte himmlischer verweben
Geist, Güte, Liebe, Macht, ja: Tag und Nacht.

Montezuma

Er schritt, die Krone mit den Hahnenfedern
Aufs Haupt gesetzt, durch Fliederbuschspalier.
Er trug ein Wams aus vielen Menschenledern,

Und auf der ganzen Erde war kein Tier,
Das nicht zu seiner Kleidung beigetragen.
Es gab für ihn kein da und dort: nur hier.

Er durfte, was er wollte, wägend wagen,
Denn Stern und Mond war goldenes Gespiel.
Am Abend liess sich viel zu ihnen sagen,

Am Morgen bot die Sonne sich zum Ziel.
Man schoss nach ihr mit kleinen Bambusrohren,
Und wenn der Pfeile einer niederfiel,

In eines Dieners Scheitel sich zu bohren,
Hob er für einen Augenblick die Stirn.
Man sah die Stirne sich im Strahl umfloren,

Man hörte ihn die Lieblingsdogge kirrn.
Er warf zum Frasse ihr den Leichnam vor
Und sprach: Er fand den Pfad, dieweil wir irrn.

Der, der hier liegt, ging ein durchs letzte Tor.
Er starb den schönsten Tod: von Sonnenhand,
Die unsern Pfeil auf ihn zurückgesandt.

Er aber wusste nichts von Gut und Böse,
Denn die Erscheinung war ihm lieb und wert.
Er schluchzte tief in eines Hunds Gekröse,

Er weinte tagelang mit einem Pferd,
Dass ihn sein Wiehern von dem Wort erlöse:
Zu wissen nichts, dass eines Wissens wert.

Er hätte täglich lächelnd sterben können,
Denn Tod war ihm ein Wort wie andre auch.
Ob bei den Kinderopfern Tränen rönnen:

Das war nur Zeremonie und ein Brauch.
Wenn sie zu lachen über sich gewönnen
Im Tode und im Todeskrampf der Bauch

Sich im Gelächter der Vernichtung wände:
Wärs nicht ein Gott gefälligeres Ende?

Und als man ihm das weisse Mädchen brachte,
War er erstaunt wie ein Geburtstagskind.
Er lobte ihre Weisse, und er lachte

Und rief zur Schau das schämige Gesind.
Und runzelte die schöne Stirn und dachte
An einen Goldfasan, den als Gebind

Er gern dem wunderlichen Wahn vermachte,
Und wie die Weissen in der Liebe sind,
Dies wars, was ihn zu sachter Glut entfachte.

Er führte sie in ein Gemach, und lind
Erlöst er ihre Haut von hänfner Kette,
Indes ihr Blut vor Angst und Qual gerinnt.

Denn an den Wänden stehen viel Skelette,
Gepflastert ist der Boden mit Gebein.
Die Sockel auch am bunten Liebesbette:

Es müssen toter Menschen Knochen sein.
Sie will mit einem Fall ins Knie sich retten,
Er aber lächelt unerbittlich nein.

Er hebt mit einem Pfiffe wie von Ratten
Sie auf das Bett, sie tödlich zu begatten.

Und als den letzten Kuss von ihrem Munde,
Dem schon erkalteten, er gierig nahm,
Da fühlte er an seinem Leib die Wunde

Die ewig blutende. Und schritt und kam
Zu seines Adels innerlichstem Grunde,
Und fühlte seines Lebens Schuld und Scham.

Darf hoffen, wer so krank, dass er gesunde?
Er hinkte durch die Kammer, lendenlahm,
Und zählte zitternd jede neue Stunde.

Warum bin ich verdammt, ach ohn Erröten
Die Wesen, die ich lieben muss, zu töten?

Indem er sich aus seinen Kissen hob,
Verfiel sein Blick auf einen goldnen Affen,
Um den die Morgensonne Strahlen stob.

Und als er näher trat, ihn zu begaffen
Noch zweifelnd, ob mit Tadel oder Lob
Er ihn bedenke: sah er ihn entraffen

Im Teppich sich, den seine Amme wob.
Er stand im Morgenlicht vor dem Gewebe:
Der Affe glänzt. Ich spüre, dass ich lebe.

Der fremde Ritter in der schwarzen Rüstung
Begegnete dem Gruss des Kaisers streng.
Der lehnte schwach und schwächlich an der Brüstung,

Als risse seiner Adern blau Gesträng,
Als wär er nur ein Schachtelhalm im Winde
Vor jenem, dem er seine Demut säng.

Als trüg er vor den Augen eine Binde
Und sähe nun nach innen. Und darin
War nichts als Eitelkeit und eitle Sünde,

Und war nur Sinnlichkeit und war kein Sinn
Und war kein edles Ziel, kein zarter Zweck.
Und ginge er an diesem Tag dahin,

Es bliebe nichts als eine Handvoll Dreck. –
Der Ritter sprach: Ich bin der Abgesandte
Des grossen weissen Herrschers überm Meer.

Ich kam, weil deine Dunkelheit ich kannte,
Mit hunderttausend hellen Helden her.
So unterwirf dich, eh er dich berannte

Mit seinem unbesiegten Engelheer.
Du bist vor seinen Augen ganz geringe,
So neig dich, eh ich dich zur Neigung zwinge.

Du hast die reinste Schwester uns geschändet,
Weil du nur Wunschgewalt, nicht Liebe kennst.
Wie bald hast du dein Pfauensein geendet,

Wenn du dir selbst als Totenfackel brennst.
Das Schicksal hat zur Schickung sich gewendet.
Und ob du in Gebeten flammst und flennst:

Es darf von dir auf Erden nicht ein Hauch sein.
Du wirst verbrannt. Dein Letztes wird dein Rauch sein.

Und jener zitterte und brach ins Knie
Und wusste nichts, als dass er seines Hortes
Hüter nun nicht mehr sei, und wie ein Vieh

Ein ganz vom Hunger und vom Durst verdorrtes
Er bis zur Kuppel des Palastes schrie.
Er sträubte seine Haare wie ein Puma.

Der andre sprach: So huldige, Montezuma,
Des weissen Kaisers Abgesandtem: Cortez!

Franziskus

Er war von Liebe wie ein Stern entbrannt.
Er gab sein Erbe an den Kirchenfiskus.
Tat ab des Kaufherrn prunkendes Gewand
Und nannte sich als armer Mönch: Franziskus.

Die Tiere alle waren ihm vertraut
Und kamen treu auf seinen Ruf gesprungen.
Die Eselin war schön wie eine Braut,
Der Rabe hat ihm seinen Schmerz gesungen.

Und früh im Morgenrot die Nachtigall
Flog an die Gitterstäbe seiner Zelle.
Die Spinne warf auf ihn sich wie ein Ball,
Vor seinen Wimpern tanzte die Libelle.

Und wenn er flüsternd seine Sprüche sprach,
Und seine Hände Weihrauchfässer schwangen:
Voll Vögeln schwirrte jubelnd das Gemach,
Und aus den Wänden selbst die Lerchen sangen.

Und ging er auf die Gasse, sprach das Pferd,
Der Hund liess wedelnd seinen Knochen liegen.
Die Katze hielt ihn ihrer Freundschaft wert,
An seinen Schenkeln rieben sich die Ziegen.

Er sprach mit jedem Tier auf ird'scher Flur,
Und jedes Kindlein lallte: Lieber Vater!
Geliebter war er der geringsten Hur,
Der junge, blasse Kapuzinerpater.

Hieronymus

Unter grün gewölbter Eiche
Sinnt Einsiedel in der Bibel.
Öffnen sich die stillen Reiche,
Fliegt der Blick zum Himmelsgiebel.
Vom Baume rollt des Efeus Ranke
Herab auf ihn im ungestümen Fluss.
Und jede Blüte – ein Gedanke
Des heiligen Hieronymus.

Robert der Teufel

Fragment

Es lebte in der Normandie
Ein Herzog edel, reich und milde.
Er führte einen Leu im Schilde,
Doch sah man solche Sanftmut nie.
Kam einem Tier er ins Gehege,
So trug er mit der Panzerhand
Den Salamander aus dem Wege
Und hob den Schmetterling ans Land,
Der taumelnd noch vom Hochzeitsflug
In eines Teiches Wellen schlug.

Einst traf er eine Häsin an.
Die braune Häsin lag im Kreissen.
Da dachte seines Weibs der Mann,
Nahm sich der Mutterklage an
Und ward von diesem Tage an
Der Herzog Hasenherz geheissen.
Denn ohne Kinder war sein Heim,
Drob ging schon Rede rauh und spöttisch.
Er liebte seine Gattin göttisch.

Von seinen Lippen floss ein Seim
Der Liebesworte Süsse täglich.
Die Küsse brannten loh und licht
Auf ihren schönen Mund unsäglich.
Gott segnete die Ehe nicht.

Sie spielte mit den Kindern andrer.
Sie hielt den Ärmsten offenes Haus,
Sie gab dem Gumpelmann und Wandrer
Das schönste Zimmer ihres Baus.
Sie zeigte allen sich als Mutter,
Da sie doch keines Mutter war.

Ein Vogelweibchen, das mit Futter
Noch jedem Kuckuck Mutter war.

Oft lehnte sie versteint im Erker.
Der sanfte Herzog aber schlich
Durch Wald und Feld wie ein Berserker
Und fluchte Gott und ihr und sich.

Und einmal sprach er laut und leise
(Warf Brösel nach der zahmen Meise):
Wie bald naht nun das Alter uns,
Wo wir vereinsamt hinter Gittern
Der Burg dem Tod entgegenzittern,
Was soll dann jener Falter uns?
Und jenes Glück der Weltbetrachtung,
Die man dem Erben übermacht?
Uns bleibt die eigene Verachtung,
Die sich verweint und sich verlacht.

Da schlug in seiner Gattin Wangen
Jäh eine rote Flamme auf:
Ich sah zum Kreuzesstamme auf
Und Christus tot herniederhangen ...
Wie oft erflehte Gott ich schon,
So will ich heute dieses schwören:
Schenkt mir der Teufel einen Sohn,
So soll dem Teufel er gehören!
Sie schliesst die Augen und verstummt,
Da Tränen ihre Wimpern nässen.
Der Herzog hat das Haupt vermummt,
Und eine schwarze Fliege brummt
Am Fensterplatz, wo er gesessen.

Es war ihr nachts, als wenn was singe.
Doch war das Singen sondrer Art,
Als ob mit einer Degenklinge
Sich kämpfend eine Lilie paart.
Als sie erwachte, sah sie plötzlich,

Wie eiligen Fusses ein Skorpion
Die Wand entlang lief, und entsetzlich
Scholl ihr vom Turm des Hornes Ton.
Auf ihre Stirn fiel eine Zecke.
Zwei Blumen lagen auf der Decke,
Voll weissen und voll roten Mohns.
Sie nimmt die weisse und zerpflückt sie,
Und unterm Herzen spürt beglückt sie
Die erste Regung ihres Sohns.

Sie ging umher als wie im Tanz
Und flocht aus gelben Butterblumen
Dem Ungebornen einen Kranz.
Und warf sich nieder auf die Krumen
Und legte ihre Lenden bloss
Und füllte Erde in den Schoss.
Wie einen Korb voll reifer Birnen,
So trug sie schwankend ihren Leib
Und fühlte zwischen Fraun und Dirnen
Sich selig als erkornes Weib.

Als Gott der Herr auf Erden ging

Als Gott der Herr auf Erden ging,
Da freute sich ein jedes Ding;
Ein jedes Ding, ob gross, ob klein,
Es wollte doch gesegnet sein.

Die Kreatur in ihrer Not,
Der Mensch in Kümmernis und Tod,
Der breite Strom, das weite Land,
Sie fühlten Gottes Gnadenhand.

Es hört der Frosch zu quaken auf,
Der Hund hält inn in seinem Lauf,
Der Regen hätt geregnet nicht,
Bevor ihn Gott gesegnet nicht.

Der hohe Turm verneigte sich,
Die Antilope zeigte sich.
Und Efeulaub und Wiesengrün
Erkannten und lobpriesen ihn.

Von aller Art der Mensch allein
Geriet in Schand und Sündenpein.
Hätt er nicht Gott so oft verkannt,
Er ging noch heute durch das Land.

Hätt er nicht Gott so oft gesteint,
Wir wären noch mit ihm vereint.
Die Erde wär das Himmelreich
Und jeder Mensch ein Engel gleich.

Die Königin von Samarkand

Mein Herz ist rot, mein Blick ist blau.
Ich bin die schönste von allen Fraun.

Mein Haar ist schwarz wie Pantherfell.
Ein Riese ist mein liebster Gesell.

Schneeweiss ist meine Kinderhand.
Ich bin die Fürstin von Samarkand.

Viel Neger sind die Sklaven mir,
Auch Elefant und Gürteltier.

Willst du mir dienen stark und treu,
So sollst du mir willkommen sein.

Zehn Jahre Fron – als Lohn dir winkt
Ein Lächeln von einer Königin.

Anna Molnár

Nach dem Ungarischen

Es stieg aufs Ross Martin Aigó.
Die Steppe ruft. Die Ferne lockt.
Er traf am Weg Anna Molnár.
»Komm mit mir, schöne Anna Molnár.
Die Steppe ruft. Die Ferne lockt.«
»Sie lockt mich nicht, Martin Aigó.
Zu Haus erwartet mich mein Mann,
Im stillen Haus ein frommer Mann.
Mein Kindlein hat er auf dem Knie.«
Er fleht. Sie geht. Er raubte sie.

Sie nahmen ihren Weg zu zwein.
Die Steppe ruft. Die Ferne lockt.
Sie ruhten unter einem Baum,
Und Schatten fiel in ihren Traum.
»Sieh mir ins Aug, Anna Molnár!«
Sie hebt den Blick. Ihr Aug ist nass.
»Was weinst du, schöne Anna Molnár?«
»Ich weine nicht, Martin Aigó.
Mein Auge ist von Tau so nass,
Der vom Gezweig des Baumes tropft!«
»Es tropft kein Tau. Die Sonn steht hoch.«

Martin Aigó stieg auf den Baum.
Es bog den Ast die starke Last.
Da fiel sein Pallasch ihm herab.
»Gib mir den Pallasch, Anna Molnár.«
Sie warf den Pallasch ihm empor,
Dass er ihm in die Seite drang
Und Blut aus allen Zweigen sprang.
Sie zog sich seine Rüstung an,
Bestieg das Ross und ritt nach Haus
Und zügelte das Ross am Haus.

»Du frommer Mann, so hör mich an,
Hast du Quartier für eine Nacht?«
»Hab kein Quartier für Euch, mein Herr.
Mein kleiner Knabe weint so sehr.«
Sie fleht. Er steht. Er willigt ein.

»Du frommer Mann, so hör mich an,
Gibt es im Dorfe guten Wein,
So bring mir einen Humpen voll!«

Er geht geschwind. Sie nimmt das Kind.
Reisst auf das Wams, reicht ihm die Brust,
Das Kind weint leis. Sie lacht vor Lust.

Marianka

Für Olga Wojan

Wollt ihr wissen meinen Namen?
Marianka, Marianka!
Ju und Janos zu mir kamen,
Marianka, Marianka!
Hej! ich tanzte! Hoj! ich liebte!
Marianka, Marianka!
Bis mein Herz in Strahlen stiebte,
Marianka, Marianka!

Ein Zigeunermädchen bin ich,
Marianka, Marianka!
Wie ein Fluss im Sand verrinn ich,
Marianka, Marianka!
Als zuerst ich hob den Nacken,
Marianka, Marianka!
Sah ich bräunliche Slowaken,
Marianka, Marianka!

Feine Herren sind gekommen,
Marianka, Marianka!
Mancher hat mich mitgenommen,
Marianka, Marianka!
Doch bei keinem konnt ich bleiben,
Marianka, Marianka!
Muss wie Spreu im Winde treiben,
Marianka, Marianka!

Hej, ich liebe alles Wilde,
Marianka, Marianka!
Führe Böses gern im Schilde,
Marianka, Marianka!
Wer mich liebt, muss alles wagen,
Marianka, Marianka!
Janos hat den Ju erschlagen.
Marianka, Marianka!

Wenn ich einst ein Kind werd haben,
Marianka, Marianka,
Sollt ihr lebend mich begraben,
Marianka, Marianka.
Denn mein Blut wird Früchte tragen,
Marianka, Marianka!
Und mein Herz wird ewig schlagen,
Marianka, Marianka!

Der Mandarin

Das starre Licht des sonnenhaften Thrones
Fällt auf der Majestät gefurchte Mienen.
Um die Gestalt des hohen Himmelssohnes
Stehn in Ergebenheit die Mandarinen.

Er blickt, dieweil er leitet Licht und Land,
Durchs offne Fenster in den Blütenreigen.
Ein Blumenantlitz ist ihm zugewandt.

Ein Fächer winkt. Der Kaiser hebt die Hand
Und schreitet zwischen Köpfen, die sich neigen.

Am Neujahrstag erbat ich Audienz.
Der Kaiser war wie immer mir gewogen.
Er gab mir Urlaub. Urlaub bis zum Lenz.
Zu Weib und Kindern bin ich heimgezogen.

Im Westen geht die rote Sonne unter.
Die Spatzen lärmen irgendwo am Tor.
Ich bin am Ziel. Aus Sträuchern lächelt bunter
Bewimpelt wie ein Schiff mein Haus hervor.

Mein Weib! Mein Kind! Da bin ich endlich wieder!
Ihr findet Worte nicht und Tränen nur.
Der Bürgerkrieg zerreisst des Landes Glieder,
Und Galgen stehn statt Bäume auf der Flur.

Wir wrackes Boot, am Ufer angekettet,
Die Heimat liegt weit draussen auf dem Meer.
Wie schmerzlich klingen, weibisch und verfettet,
Der Wäscherinnen Rufe zu uns her ...

Wo ist der Wein? Er hat genug gegoren.
Ein Duft weht durch die dürren Baumalleen.

Die Räuber haben mir den Zopf geschoren.
Ihr Kindelein, ich hab den Weg verloren,
Es ist zu spät, im Dunkeln heimzugehn ...

Ich musste blutend tausend Meilen rennen,
An tausend Galgen sah ich mich verwehn.
Es wird schon Nacht. Komm, lass die Lampe brennen
Und lass uns schweigend in die Augen sehn ...

Du bist der tiefste Brunnen, draus zu schöpfen
Jahrtausende nicht müde werden können.

Und wenn sie jeden Morgen neu begönnen,
Nur immer reicher strömt es ihren Töpfen.

Um deinetwillen lassen sie sich köpfen,
O Sohn des Himmels, dass ihr Herzblut rönne
Und eine Träne deines Augs gewönne.
Wer stürb nicht selig unter deinen Zöpfen

Am höchsten Turm von Peking aufgehängt?
Er legt die Haarschnur um den Hals sich stumm,
In der er zart nun wie ein Tänzer schwenkt.

Er greift, als spiele er Harmonium.
Kaum hat der Tod den kahlen Kopf gesenkt,
Legt schon ein andrer sich die Haarschnur um.

Kaspar Hauser

Nach Verlaine

Ich kam, ein armes Waisenkind,
Zu den Menschen der grossen Städte.
Sie sagten, dass ich tiefe Augen hätte,
Doch war ich den Menschen zu blöde gesinnt.

Mit zwanzig Jahren ohne Lug und Trug
Hiess es mich gehen zu schönen Frauen.
Sie nennen es Liebesgrauen.
Doch war ich den Frauen nicht schön genug.

Kein Vaterland, in keines Sold,
Liess ich mich vom Hauptmann werben.
Ich wollte im Kriege sterben.
Der Tod hat mich nicht gewollt.

Ward ich zu früh geboren, zu spät?
Was tu ich auf der Welt noch hier?

Mein Leid ist ja so brunnentief. O Ihr,
Sprecht für den armen Kaspar ein Gebet!

Die Carmagnole

(1792)

Nach dem Französischen

Was will das Proletariat?
Dass keiner zu herrschen hat!
Kein Herr soll befehlen,
Kein Knecht sei zu quälen,
Freiheit! Gleichheit! allen Seelen!

Vorwärts, Brüder, zur Revolution!
Kaltes Blut, heisser Mut!
Vorwärts, es wird gehn,
Wenn wir getreu zusammenstehn.

Was will das Proletariat?
Sich endlich fressen satt.
Nicht mit knurrendem Magen
Für feiste Wänste sich schlagen,
Für sich selbst was wagen.

Was will das Proletariat?
Dass keiner mehr dien als Soldat.
Ewigen Frieden wollen wir
Und die Kugel dem Offizier.
Will leben. Bin Mensch. Kein Hundetier.

Was will das Proletariat?
Für den Bauern Acker und Saat.
Nicht Gutsherr noch Gendarm,
Die machen ihn ärmer als arm.
Land für alle! Alarm! Alarm!

Was will das Proletariat?
Weder Eigentum noch Staat!
Die Tyrannei zu Falle!
Die Erde für alle!
Den Himmel für alle!

Vorwärts, Brüder, zur Revolution!
Kaltes Blut, heisser Mut!
Vorwärts, es wird gehn,
Wenn wir getreu zusammenstehn.

Zarenlied

Nach Adam Mickiewicz

Wenn ich nach Sibirien trotte,
Muss ich schwer in Ketten karren,
Doch mit der versoffnen Rotte
Will ich schuften ... für den Zaren.

In den Minen will ich denken:
Dieses Erz, das wir hier fahren,
Dieses Eisen, das wir schwenken,
Wird zum Beil einst ... für den Zaren.

Wähl ein Weib ich zur Genossin,
Wähl ich sie aus den Tataren,
Dass aus meinem Stamm entsprosse
Einst ein Henker ... für den Zaren.

Bin ich dann ein freier Siedler,
Säe ich mit grauen Haaren
(Geigt schon nah der graue Fiedler ...)
Grauen Hanf ... nur für den Zaren.

Silbergraue Fäden rinnen
Fest durch meine Hand ... in Jahren

Wird mein Sohn zum Strick sie spinnen ...
Für den Zaren ... für den Zaren.

Die schwarzen Husaren

Ich bin übers Wasser gefahren,
Die Ruder plätscherten sacht.
Da ritten drei schwarze Husaren
Durch die silberne Sommernacht.

Ich sah sie lange reiten
Im silbernen Mondenschein.
Sie mussten am Morgen beizeiten
Bei der Parole sein.

Sie schwenkten die schwarzen Kappen,
Sie hatten nicht Wort noch Ruf.
Unhörbar schnaubten die Rappen,
Und lautlos ging der Huf.

Mir sank das Haupt so grabwärts;
Die Wellen glitten gemach.
Mein Kahn trieb leise abwärts
Den schwarzen Husaren nach.

Ballade vom deutschen Landsknecht

Wir taten unsere Pflichten stumm mit grauen Mienen
Und pflügten schweigend unser Feld.
Nun schweifen wir wie Beduinen
Ach durch die Wüste dieser Welt.

Uns dörrte die verdorrte Sonne Flandern,
Der Polensumpf war uns nicht fremd.
Man hiess uns nach dem Goldnen Horne wandern,
Wir wuschen in der Drina unser Hemd.

Doch wenn des Frühlings heilige Mythe
Den Schnee um unsere Herzen schmilzt,
Steht eine Kiefer aus der Mark in Blüte
Zu unsern Häupten, dunkel und verfilzt.

O Deutschland unser, das du bist im Himmel!
Wir fühlen tausendfach dein Weh.
Und deiner Söhne grauestes Gewimmel
Ist Stein zu deiner ewigen Statue.

Auf einen gefallenen Freund

An Hans Leybold

Arm in Arm sind wir gegangen
Durch das Himmelreich der Welt.
Mit dem Lasso haben wir gefangen
Schöne Frauen, die wie Rehe sprangen
Und wir wehten segelnd auf dem Belt.

Und in Stunden, die wie Schleier glitten,
Sind wir durch den hellen Park geritten,
Sonne regnete auf Rain und Ruf.
Deine Lippen sprachen leichte, schwere
Verse, und die goldne Ähre
Rauschte an der Rappen Huf.

Grosse Stadt war unsre Mutter,
Nahm uns gern im dunklen Abend auf.
O nach Wolkenfahrten banden wir den Kutter
Schwingend an des Kirchturms Knauf.
Grosse Stadt ist unsre Mutter,
In den niedern Strassen funkelt unser Lauf.

Stehn noch immer jener Kirche Türme?
Sind noch immer Frauen einem lieb,
Seit es dich in namenlose Stürme

In entbrannte Ozeane trieb?
Deine Lippen schweigen leicht und schwer,
Deine Stirn steht abendrotumwettert.
Ein entseelter Franktireur
Hat dein Herz, mein Herz zerschmettert.

Jochen Himmelreich

Mein Name ist Jochen Himmelreich,
Ich hörte den Zapfenstreich
In Tsingtau und Windhuk, in Warschau und Lille.
Kaum sah ich die Sonne über Flandern,

Musst ich nach Mazedonien wandern,
Tausend Meilen Marsch sind ein Kinderspiel.
Wir sahen die deutsche Fahne strahlen
In tausend Himmel und Höllenqualen,
War immer ein Heiligenschein um sie.
Und blieb uns die Zunge am Gaumen kleben,
Und hiess es des Kaisers Kleider weben,
Und schimpfte der Offizier uns: Vieh –
Deutschland, Du bist unser Tod und Leben!
Ich bin dein Knecht,
Des Landes Knecht,
Und stehe auf der Wacht.
Schwarz ist die Nacht,
Weiss ist der Schnee,
Weh,
Es droht
Der Tod
Dem morschen Weltgefüge.
Rot fliesst das Blut aus unsrer Brust,
O Lebensleid, o Lebenslust!
Fliege, schwarzweissrote Fahne, fliege ...

Mein Name ist Jochen Himmelreich,
Anfang und Ende ist alles gleich,

In den Unterständen brennt kein Sonnenlicht.
Drei Jahre schlief ich nicht im Bette,
Ich schnitt das Brot mit dem Bajonette,
Oh: die Blutflecken weichen aus meinen Kleidern nicht.
Bruder, wir wären Kameraden geworden,

Aber wir müssen uns stechen und morden!
Deinen Blick, sterbender Neger, vergess ich nie.
Längst ist mir die eigene Sprache fremd.
Ich trage eine Französinnenbluse als Soldatenhemd
Und bin räudiger als das räudigste Vieh.
Deutschland, die Schande wuchert und schlemmt!
Ich bin dein Knecht,
Des Landes Knecht,
Und stehe auf der Wacht:
Schwarz ist die Nacht,
Weiss ist der Schnee,
Weh,
Es droht
Die Not
Dem Kindlein in der Wiege!
Rot
Fliesst das Blut aus unsrer Brust,
O Lebensleid, o Lebenslust!
Fliege, schwarzweissrote Fahne, fliege ...

Mein Name ist Jochen Himmelreich,
Mein Weib ersoff sich im Teich,
Meine Kinder hungern und schreien durch die
Nacht nach mir.
Dieses Sommers Regenströme sind aus Kindertränen,
Meine Arme muss ich in die Nächte dehnen
Sterne, o ihr Sterne strauchelt nicht wie wir!
Die Lumpen werden den Krieg und den Frieden für
sich gewinnen,
Während aus unsren Wunden unsere Seelen rinnen.
Sie verkaufen unser Fleisch – Lebendgewicht – für Gold.
Aber einmal werden wir erstehen,

Tot und lebend euch ins Auge sehen,
Wenn des Schicksals Feuerwagen rollt.
Deutschland, wir werden die Ernte mähen!
Ich bin dein Knecht,
Des Landes Knecht,
Und stehe auf der Wacht:
Schwarz ist die Nacht,
Weiss ist der Schnee,
Weh,
Droht
Auch der Tod –
Es breche oder biege!
Rot
Sucht das Blut sich seinen Pfad
Und düngt der Freiheit junge Saat.
Fliege, rote Fahne, fliege ...

Die Kriegsbraut

Ich sage immer allen Leuten,
Ich wäre hundert Jahr ...
Die Hochzeitsglocken läuten ...
Es - ist - alles - gar - nicht - wahr.

Ich liebte einst einen jungen Mann,
Wie man nur lieben kann.
Ich habe ihm alles geschenkt,
Tirili, tirila –
Er hat sich aufgehängt
An seinem langen blonden Spagathaar ...

Auf den Strassen wimmeln Geschöpfe:
Ohne Arme, ohne Beine, ohne Herzen, ohne Köpfe.
An der Weidendammer Brücke dreht einer den Leierkasten.
Nicht rosten
Nicht rasten –
Was kann das Leben kosten?

Er hat eine hölzerne Hand,
Aus seiner offnen Brust fliesst Sand.
Neben ihm die Schickse
Glotzt starr und stier.
Er hat statt des Kopfes eine Konservenbüchse,
Und sie ist ganz aus Papier.

Eia wieg das Kindelein,
Kindelein
Soll selig sein.

Mein Bräutigam hiess Robert.
Er hat ganz Frankreich allein erobert.
Dazu noch Russland und den Mond,
Wo der liebe Gott in einer goldnen Tonne wohnt.

Als er auf Urlaub kam,
Eia eia,

Er mich in seine Arme nahm,
Eia, eia.
Die Arme waren aus Holz,
Das Herz war aus Stein,
Die Stirn war aus Eisen,
– Gott wollt's –
Wie sollt es anders sein?

Er liegt in einem feinen Bett … trinkt immer Sekt …
Eia popeia –
Er hat sich mit Erde zugedeckt,
Eia popeia.
Nachts steigt er zu mir empor.
Er schwankt wie im Winde ein Rohr.
Seine Augen sind hohl. Transparent
In der offenen Brust sein Herz rot brennt.
Seine Knochen klingeln wie Schlittengeläut:
Ich bin der Sohn des grossen Teut!

Flieg Vogel, flieg!
Mein Bräutigam ist im Krieg!
Mein Bräutigam ist im ewigen Krieg!
Flieg zum Himmel, flieg!
Fliege bis an Gottes Thron
Und erzähle Gottes Sohn:
– Vielleicht ihn freuts, vielleicht ihn reuts –
Millionen starben, Gott, wie du
Den Heldentod am Kreuz!
Noch ist die Menschheit nicht erlöst,

Weil Gott im Himmel schläft und döst.
Wach auf, wach auf, und zittre nicht,
Wenn der Mensch über dich das Urteil spricht!
Gross, Herr im Himmel, ist deine Schuld,
Doch grösser war des Menschen Geduld.
Tritt ab vom Thron,
Du Gottessohn,
Denn du bist nur des Gottes Hohn:
Es flammt die himmlische Revolution.
Du sollst verrecken wie wir!
Tritt ab
Ins Grab,
Mach Platz
Der Ratz,
Dem Lamm oder sonst einem Tier!

Berliner Weihnacht

1918

Am Kurfürstendamm da hocken zusamm
Die Leute von heute mit grossem Tamtam.
Brillanten mit Tanten, ein Frack mit was drin,
Ein Nerzpelz, ein Steinherz, ein Doppelkinn.
Perlen perlen, es perlt der Champagner.
Kokotten spotten: Wer will, der kann ja

Fünf Braune für mich auf das Tischtuch zählen ...
Na, Schieber, mein Lieber? – Nee, uns kanns nich fehlen,
Und wenn Millionen vor Hunger krepieren:
Wir wolln uns mal wieder amüsieren.

Am Wedding ists totenstill und dunkel.
Keines Baumes Gefunkel, keines Traumes Gefunkel.
Keine Kohle, kein Licht ... im Zimmereck
Liegt der Mann besoffen im Dreck.
Kein Geld – keine Welt, kein Held zum lieben ...
Von sieben Kindern sind zwei geblieben,
Ohne Hemd auf der Streu, rachitisch und böse.
Sie hungern – und frässen ihr eignes Gekröse.
Zwei magre Nutten im Haustor frieren:
Wir wolln uns mal wieder amüsieren.

Es schneit, es stürmt. Eine Stimme schreit: Halt ...
Über die Dächer türmt eine dunkle Gestalt ...
Die Blicke brennen, mit letzter Kraft
Umspannt die Hand einen Fahnenschaft.
Die Fahne vom neunten November, bedreckt,
Er ist der letzte, der sie noch reckt ...
Zivilisten ... Soldaten ... tach tach tach ...
Salvenfeuer ... ein Fall vom Dach ...
Die deutsche Revolution ist tot ...
Der weisse Schnee färbt sich blutrot ...
Die Gaslaternen flackern und stieren ...
Wir wolln uns mal wieder amüsieren ...

Ballade vom Bolschewik

Wir kamen in die Städte aus der Steppe
Gleich Wölfen mager, hungrig und verlaust.
Wie seidig rauscht der schönen Damen Schleppe,
Um die der Südwind unsrer Sehnsucht braust.

Wir hatten harte Erde zu beackern,
Der arme Vater und der ärmre Sohn.
Wir hörten früh um fünf die Hühner gackern,
Und bis um zehn Uhr abends nichts als Fron.

Des Mittags gab es eine dünne Suppe,
Am Sonntag schwamm ein Klumpen Fleisch darin.
Auf der Waldai süss bestrahlter Kuppe
Sass thronend unsrer Herzen Herzogin.

Wir dachten ohne Kopf: nur kahle Stümpfe,
Und wenn wir tanzten, tanzte nur das Bein.
Die braune Tiefe der Rokitnosümpfe
Gebar der Kröte leise Litanein.

Zuweilen, von der Sonne überspiegelt,
Sank eine träge Frau mit uns in Gott.
Dann flogen wir für einen Tag beflügelt
Zum Frühlingsfest nach Nischni-Nowgorod.

Wir töteten, doch sanft und nicht gehässig.
Wir soffen literweise Schnaps und Bier.
Man schlug uns lachend. Und wir lasen lässig
Des Popen zart zerlesenes Brevier.

Wir aus den Tiefen sind nun hochgekommen,
Wir armen Armen wurden endlich reich.
In unsrer Dämmrung ist ein Licht erglommen,
Ein Heiligenschein beglänzt die Stirnen bleich.

Wie auf der Kirmes in die Luft geschaukelt
Ist unser Schicksal jetzt. Nun prügeln wir,
Von Schmetterling und Nachtigall umgaukelt,
Und Kaiserpferd und -hure zügeln wir.

Nun darf er fressen, brüllen, saufen, huren,
Wie Zar und König einst: der Bolschewik.
Die blutend in das Fegefeuer fuhren:
Sie liessen ihm ihr diamantnes Glück.

Es jagt mit seinem Weib in der Karosse
Der Kommissär, um den der Weihrauch dampft.
Entrechtet wälzt sich in der grauen Gosse
Der Bourgeois, geknechtet und zerstampft.

Die Prinzen winselten im Kirchenchore,
Des Hofes Damen schleifte man am Haar.
Der Thron zerborst. Auf der Palastempore
Steht mager, bleich und klein der rote Zar!

Ihr alle Brüder einer dumpfen Rasse,
Ihr Untersten aus Nacht empor zur Macht!
Noch nicht genug vom wilden Klassenhasse
Ist in den dunklen Seelen euch entfacht!

Eh nicht die letzten an den Galgen hängen,
Die euer Blut in Münze umgeprägt,
Eh nicht der Freiheit Adler in den Fängen
Der alten Knechtschaft Pestkadaver trägt,

Eh wird nicht Friede werden hier auf Erden.
Ein Stern erglänzt. Es spricht der neue Christ! –
Ein Echo wie von Polizistenpferden,
Und jauchzend bricht ins Knie der Rotgardist.

Der Barbar

1.

Ich komme aus der Wüste,
Wo ich bei der Löwin lag.
Ich habe den Schakalen die Knochen aus dem blutigen Gefräss gerissen,
Ich bin mit dem Strauss um die Wette gelaufen
Und habe dem Fuchs das Junge aus der Höhle gestohlen.
Hei! Hei!
Mein Blut saust hinter der Betonstirn
Wie der Orinoko.
Auf meinen ausgebreiteten Händen
Trag ich zwei Sterne.
Ich stemme Sterne,
Denn ich bin Mitglied des Athletenklubs Südost.
Ich saufe die Milch vom Euter der Kuh
Und von den Zitzen einer Frau,
Die Zwillinge warf.
Lasst mich taufreden
Mit euren Faseleien
Von der Weisheit der Tapergreise.

Friede sei mit dir, wenn ich dir den Schädel eingeschlagen habe,
Mein Feind.
Auf deinem Grabe will ich deine Witwe umarmen.
Die von den Verwandten gestifteten Nelkentöpfe
Sollen zerscherben.
Und das Holzkreuz,
Auf dem dein verächtlicher Name steht,
Sei zerbrochen
Wie die Bundeslade
Und die Tontafelbibliothek des Assurbanipal.

2.

Tötet diesen gottverdammten Schwafler Kant
Und Nietzschke und Trietschke,
Die Weissgardisten,
Die Sch....gardisten,
Die Drückeberger
Vom Traum der Tat.
Wir rücken an
Wir ewiger Wanderer durch die Länder der tausend Seen.
Unsre Augen sind feucht noch vom Tau des Himalaja,
Unter unsern Fingernägeln
Brennt noch die schmutzige Erde Afrikas.
Unser Herz trommelt an die Rippen
Die Melodie der Negertrommeln.
Wir wissen aus und ein
In den Schoss der Frauen
Und ins Dickicht des Urwalds.

3.

Jetzt will ich dir sagen, wer ich bin,
Jetzt will ich dir klagen, wer ich bin.
Auch ich war ein Jüngling im lockigen Haar,
Aber mich schor ein Büttel.
Ich bin stark geworden,
Nicht schwach wie Simson,
Dess bin ich froh.
Ich habe einen Sträflingskopf,
Dess bin ich stolz.
In den Zuchthäusern sass ich
Und flocht Bastkörbchen,
In denen kalifornische Äpfel und Orangen aus Messina den Reichen
  zu Tisch getragen wurden.
Ich aber frass Kartoffelschalen
Wie ein Kaninchen.
Wir wollen uns Zuchthäusler nennen,
Wie einst die Geusen sich Geusen,

Die Christen sich Christen nannten.
Das sei unser Ehrenname und Ehrenwort.
Bruder Zuchthäusler! Bruder Vagabund!
Weisst du noch von den Frühlingsnächten an der Amper
Und den Feuern der Johannisnacht
Auf den bayrischen Bergen
In unsren Herzen?

4.

Es wird die Zeit kommen,
Da jeder jungfräuliche Schoss sich dir bietet,
Und alle Jungfrauen,
Schwarze, weisse, rote,
Gefleckte,
Schwanger sein werden von dir,
Bunter Bruder!
Da wird von der Kuppel des Kreml in Moskau
Der Engel Gabriel die Tuba erheben,
Die Posaune Jerichos wird noch einmal ertönen,
Und ihre Paläste werden fallen
Wie Kartenhäuser,
Und ihre Seelen
Vom Baum des Seins
Wie faule Pflaumen.
Kahl wird der Baum erst stehen
Ohne Frucht
Einen Winter lang.
Aber im Frühling wird er sprossen,
Und im Sommer wird er blühen,
Und im Herbste wird er Früchte tragen
Einfältig
Tausendfältig.

Der Totengräber

Ich rede frisch von der Leber
Weg, zum Parlieren
Und Zieren
Ist keine Zeit.
Ein armer, wandernder, stellenloser Totengräber
Bittet um Arbeit.
Habt ihr keinen Toten zu begraben?
Keine Leiche im Haus?
Ei der Daus!
Keine Mutter? Keine Tochter? Keinen Mann?
Ich begrabe sie, so gut ichs kann.
Bei mir ist jeder gut aufgehoben,
Das Werk wird seinen Schöpfer loben.
Ich trage die Schaufel stets bei mir
Und begrabe Sie auf Wunsch im Garten hier.
Die Erde leicht und lau fällt
Auf Ihre Rippen
Wie Schnee.
Ein Grab ist schnell geschaufelt.
Die Lippen
Lächeln: Ade!

Ich wandre immer hin und her,
Ob ich nicht Arbeit fände.
Mein Herz ist leer, mein Beutel ist leer,
Und leer sind meine Hände.

Denn wer mich sieht, der schlägt von fern
Um mich den Hasenhaken.
Die Mädchen schlafen und die Herrn
Nicht gern im Leichenlaken.

Ich bin ein verlorner Sohn. Ich frass die Treber
Der Fremde allzu lange Zeit.

Ein armer, wandernder, stellenloser Totengräber
Bittet um Arbeit.

Nachtgesicht

An Johann Christian Günther

Ich bin mit dir gegangen
Durch Nebel, Nacht und Wind.
Die Tannenwälder sangen,
Die Wolken krochen wie Schlangen
Über den Himmel hin.

Plötzlich aus goldenem Rohre –
Eine Wolke wurde leck –
In mondgewebtem Flore
Entschwebte Leonore
Zu uns hernieder auf den Weg.

Wir gaben uns die Hände
Und tanzten und tanzten zu drein.
In unsrer Seelen Brände,
Dass er die Lust uns schände,
Zischte der Tod hinein.

Wir schwankten zu viert in die Schänke
Und soffen uns voll, dass es kracht.
Wir lagen über die Bänke,
Der Tod erzählte Schwänke,
Wir haben uns krumm gelacht.

Er klapperte frech mit den Knochen,
Wir schmissen den Saufsack hinaus.
Er hat sich die Rippen zerbrochen ...
Leonore kam in die Wochen,
Wir beide ins Irrenhaus.

Da sitzen wir nun und staunen
Durch die Stäbe uns blind.
Wir haben Herrscherlaunen.
Wir fressen unsre Kaldaunen,
Weil wir hungrig sind.

Die Ballade vom Schlaf der Kindheit

Scheuche nicht den Schlaf des Kindes
In der schwarzen Bucht.
In den Zweigen des erwachten Windes
Hängt er hell wie eine runde Frucht.

Sonne wärmt sich an des Nackens Spiegel,
Echo strahlt in der erfüllten Flut,
Venus wünscht sich leichte Flügel,
Wo er in des Spieles Barke ruht.

Jage nicht den Knaben in die Schule
Früh um sieben, wenn der Ofen kalt.
Hässlich hockt er an der Arbeit Spule
Und zerschmettert von des Lehrers Gramgewalt.

Sieh: an seinen langen schwarzen Wimpern
Hängt ein schmaler Schatten noch das Bild.
Und in seine wachen Qualen klimpern
Mondgesang und Schwert und Harfenschild.

Ballade vom alten Mann

Armer alter Mann,
Siehst mich immer an,
Liebe trieft aus Lippe auf den schäbigen Rock.
Blumig blüht dein Kropf.
Einen Eberkopf
Hängte Gott an deine Kette als Berlock.

In der Nacht so oft
Schreckst du unverhofft
Aus dem Traum und siehst ein Angesicht.
Süsser Augenwind!
Lächelnd nickt ein Kind,
Aber ach, es ist das deine nicht.

Armer alter Mann,
Kann
Dich der Hund nicht trösten, dem du Semmel in die Suppe stiepst?
Horch an seinem Fell,
Wie sein Herz so hell
Alle Stunden schlägt, die du es liebst.

Ballade vom toten Kind

Wie ward mein Überfluss so karg!
Ich muss mich mein erbarmen.
Ich halte auf den Armen
Einen kleinen Sarg.

Es reichen sich die Hände
Geschlechter ohne Ende –
Wer endet? wer begann?
Ich bin nun Sinn und Sitte,
Und meine Hand ist Mittelshand,
Ich bin der Erde Mitte
Und bin der Mittelsmann.

Ich stehe an der Leiter,
Die in die Grube führt.
Und reich der Erde weiter
Das Herz, das ihr gebührt.

Schon stürmt es in den Lüften,
Der Frühling stürzt herein.
Es knien alle Berge,

Es brechen alle Särge,
Und aus den Veilchengrüften

Wie Jesus Christus weiland
Steigt schon der neue Heiland
Und will dein Kindlein sein.

Auf ein Kaninchen

Für Marthe

Weisse Felle, die ich streicheln durfte:
Vorhang vor dem Heiligtum.
Im Getön der spitzen Ohren schlurfte
Eine Reisigsammlerin: der Ruhm.

Sonne sass im Dschungel deiner Lende,
Wiegte sich als goldne Möwe weit
Auf den Meeren der gekalkten Wände,
Wenn der Hund im Hellen schreit.

Stäbe stürzten: aus den Katakomben
Deiner Höhlung, die das Grüne barg.
Deine Augen, rote Rhomben,
Schliefen in der Müdigkeiten Sarg.

Dich zertrat der grosse Bernhardiner,
Aus dem Maule schwebte Kohl und Strunk.
Als des Todes allezeit getreuer Diener
Sprangst du pfeifend in die Dämmerung.

Der neue Mensch

Mensch, es strömen die Jahrtausende
In dein offnes Herz. Der sausende
Flügelschlag der Zeit bestürme dich!
Halte fest der Promethiden Feuer,
Und in ihrem heiligen Glanz erneuer
Zart zu Faltern das Gewürme sich.

Gingest du nicht deinen Gott verkaufen
Unter Lächeln, Liebeln, Huren, Saufen?
War mit Gold gefüllt nicht Raum und Zeit?
Lern an reiner Quelle wieder trinken,
Lerne wieder liebend niedersinken
In die Kniee vor der Ewigkeit.

Aus den Kratern schweben die Dämonen,
Welche bei den schwarzen Engeln wohnen,
Und es steigt die süd- und nordsche Flut,
Schwing die Fackel deiner reinen Seele.
Horch: schon zwitschert wieder Philomele,
Und es schwirrt der Zukunft Adlerbrut.

Sollen Irre durch die Gassen taumeln?
Sollen Schwangere am Galgen baumeln?
Freiheit, welche mordet, ist nur Wahn.
Stosst hinab in tiefste Höllentiefen,
Wo noch immer nicht sie endlich schliefen,
Nero, Robespierre und Dschingiskhan.

Die ihr lebend starbet in den Grüften
Unsrer Städte: schwingt euch mit den Lüften
Eines neuen Frühlings in die Welt.
Liebe will sich liebend euch ergeben,
Lachend werdet ihr das Leben leben,
Wenn der morsche Tempel fällt!

Ballade vom Wort

Was wollen die grossen Worte?
Sie rollen wie ein Kiesel klein
Am Weg, an der Strassenborte
In den Morgen ein.

Sie hängen an manchem Baume
Wie Früchte halbgereift.
Sie haben von manchem Traume
Den zarten Puder gestreift.

Sie schmecken wie Galle so bitter.
So spei sie aus dem Spiel!
Sie sitzen im Fleisch wie Splitter.
Ein Wort ist schon zuviel.

Ein Wort schon ist Mord schon am Himmel.
So schweige und neig dich zum Herd.
Stumm lenkt durch das Sternengewimmel
Der Herr sein ewiges Gefährt.

Mythen

Ibykos

Ich hasse das Weib.
Sie hat die Erdkugel auseinandergerissen in zwei Brüste,
Zwei Hälften, die kein Töpfer mehr zusammenkittet.
Ihre Haare sind schlammiges Moos
Aus dem Teiche der Trübsal.
Ihr Ruf ist der Ruf der brünstigen Unke.
Ihre Beine stahl sie der Gazelle,
Ihren Schoss einer fleischfressenden Pflanze,
Ihre Ohren der Spitzmaus.
Ihre Augen dem Maulwurf, als er schlief. –
Ibykos bin ich aus Rhegium,
Wohl erfahren in sanftem und wildem Melos.
Polykrates dem Tyrannen
Sang ich die Liebe der delphischen Knaben,
Und Samos lächelte meinem Gesang.
Der Helden gedacht ich
In chorischen Liedern,
Enkomien sann ich
Und Hyporchemen dem Apoll
Und zur Kythara und Flöte
Die heiligen Nomen.
Eros
Der Kypria hitziger Sohn
Hat mein Herz verwundet.
Es rinnt das Blut
Und tränkt die Frühlingserde
Und düngt die Sommererde,
Dass reicher reife
Der kydonische Apfelbaum,
Um den die feldblumenduftenden Dryaden spielen
Und die bocksgerüchigen Satyrn.
O komm,

Knabe,
Dem der Flaum die Oberlippe noch nicht verunziert,
Springe,
Du thrakisches Füllen!
Auf deiner nackten braunen Haut
Spiegelt sich lüstern die Sonne.
Der Wind wühlt in deinem Gelock.
Dem matt ins Gras Sinkenden
Öffnet die Erde den jungfräulichen Schoss.
Du liebst sie.
Dein Same befruchtet sie,
Und eure Kinder werden die Welt beherrschen.

Antinoos

Du Memnonsäule,
Singend im Licht!
Wenn du die Arme hebst,
An den Himmel gekreuzigt,
Sehnt sich der Blitz, in dich zu fahren,
Und der Donner grollt zärtlich um deine Locken.
Wie bin ich voll deiner summenden Gedanken:
Ein Bienenkorb,
Und deine Süsse ist meine tägliche Speise.
Als ich mich über dich bog in der Nacht,
Sass ein Sperber auf deiner Brust,
Den hatte Gott gesandt,
Deinen Traum zu bewachen.
Er sperrte den Schnabel gegen mich.
Du Weide am Strom,
In dem ich verfliesse!
Halte mit deinen Zweigen,
Mit deinen Armen den Freund,
Der zu dir emporwallt
Wie die Woge des Meeres
Im heiligen Sturm.

Kyros

Man sagt, dass Kyros, der Perser, die Griechen bekriege,
Weil er die Griechenknaben liebe.
In silberne Fesseln schlägt er die Gefangenen.
Ihrer hundert ziehen seinen Sichelwagen
Nackt und nur geflügelte Sandalen an den Füssen
Wie Hermes.
Ihrer fünfzig bedienen den Herrn bei der Tafel,
Ihrer dreissig spielen mit ihm Diskos.
Vor ihrer zehn deklamiert er persische Oden.
Die also beginnen:
Griechenknaben, Göttersöhne ...
Aber zur Nacht
Lässt er die weissen Knaben mit jungen schwarzen Sklavinnen
    spielen.
Sie spielen Hund und Hündin.
Der König seufzt aus seinen Kissen
Und zieht den schönsten der Knaben,
Die schönste Sklavin
An seine Seite,
Entschläft in ihren Armen
Liebend, geliebt.

Knabe und Satyr

Komm, Knabe,
Wir wollen Brombeeren pflücken.
Warum fürchtest du
Meine Hörner – sie stossen dich nicht –
Dich stösst ein anderes.
Halte dich an meinem zottigen Bart.
Mit meinen Bocksfüssen ich springe tanzend
Dem Priapos zu Ehren.
Auf der Syrinx
Blase ich dir ein listiges Lied,

Dass du den Heimweg vergissest
Zu den erntenden Bauern.
Sieh: die Sonne brennt heiss!
Verweile, bis der Abendschatten naht.
Wir kriechen hier unter das Gebüsch –
Der stechenden Brennessel hab acht –
Und spielen ein wenig
Wie Pan mit den Nymphen spielt.
Dann schläfst du
Auf meiner zottigen Brust.
Aber wenn du erwachst,
Wollen wir eine Ziege jagen.
Wir packen sie am gestrafften Euter
Und trinken uns randvoll an süsser Milch.
Wenn ich aber geil geworden an ihr,
Bespringe ich sie gern
Und du nach mir.

Narkissos

Als Narkissos sich
Im Teiche spiegelte,
Erschrak er:
Denn also schön schien ihm das Spiegelbild,
Dass er in Liebe zu sich selbst
Entzündet wurde.
Er beugte sich hernieder
Ins Ufergras
Und küsste im Wasser
Seine Lippen
Und griff nach sich mit seinen Händen
Und seufzte.
Die Schönheit,
Sann Narkissos,
Wohnt auf dem Grund der Seen.
Versunkene Städte müssen sein,
In denen die Schönen wohnen

Und mittags nur
Im Sonnenlicht
Werden sie sichtbar,
Wird Schönheit Bild,
Gesang und Lächeln
Glanz und Kuss.
Noch niemals sah ich nachts im Teich
Den schönen Jüngling.
Er schläft zur Dämmerung wohl
Wie wir.
Und ist ein Mensch
Wie wir
Nur Mensch der unteren Welt.
Du Tiefer steig hinauf!
Und werde Du!
Wenn das Gymnasion du betrittst,
Schweigt rings die Runde.
Der Fechter lässt den Degen sinken,
Der Ringer Blick und Arm,
Und selbst die Greise und die Kinder
Erschrecken süss vor deinem Angesicht.

Ganymed

Zeus sandte seinen Adler,
Dass er den schönen Knaben Ganymed
In seinen Fängen fange
Und zu ihm trage.
Der schoss aus dem Zenith
Des Mittags
Herab auf die Narzissenwiese,
Wo Ganymed schlief,
Der Gelockte,
Und von dem Adler träumte,
Der nach ihm stiess.
Er schrie im Traum.

Der Adler mit dem gebogenen Horn des Schnabels
Den Knaben am Gürtel griff,
Am schön von der Mutter gestickten.
Über Wolken und Winde und wehende Sterne
Er flog mit ihm
Und legte ihn
Dem Gott zu Füssen.

Aber der Gott,
Entzündet von der Anmut,
Die er geschaffen,
Er neigte sich und nahm den Knaben in seine Arme
Und küsste seine Wangen
Und küsste seine Wimpern
Und küsste seine Brust
Und küsste seine Kniee
Und küsste seine Lippen
Und küsste seinen Schoss.

Orest und Pylades

Strophis, König von Phokis,
Erzog Orest und Pylades.
Hand in Hand gingen die Knaben,
Brust an Brust schliefen die Knaben,
Mund an Mund sangen die Knaben.
Sie warfen ihre Sehnsucht und den Diskos
Gleich weit. Und stoben
Im Viergespann als Sieger durch das Ziel.

Da wollte es Ananke, dass die Eumeniden
Orest befielen und sein Hirn
Wie Hunde fleischten.

Im Heiligtum zu Delphi
Orestes lag ermattet.
Um seine Stirne stürmten

Die Göttinnen der Nacht.
Die Fledermäuse kreischten
Und die Erinnyen sangen:
Die Mutter ist erschlagen,
Die Mörderin des Vaters;
Der Mord hat Mord geboren:
Der Mörder sei gefällt!

Die Menschen flohn entsetzt. Nur Pylades
Blieb bei dem Freund und liebte
Den Mörder wie den Schöpfer er geliebt.

Und liebte seinen Wahnsinn,
Die irre Tat, den staubbedeckten Leib,
Wie er den Jüngling nicht geliebt,
Den klug gestaltenden,
Den schön gestalteten.
Er schlief mit ihm wie je. Orest, der Irre,
Erfüllte Bett und Raum
Und Traum
Mit Stank und Kot.

Patroklos

Antilochos flog in das Zelt,
Wo der Pelide sass und mit den Schädeln
Der toten Feinde Bocca spielte.
Er warf die Schädel in die Ecke
Und warf sich auf sein Lager
Von Wirbelknochen Rippen
Wie Heu und Streu vor ihn geschüttet.
Antilochos erhob die Stimme
Zu einem Schrei.
Der brach in Scherben,
Und die klirrten:
Unseliger!
Patroklos ist nicht mehr!

Und der Pelide stiess den Kopf
Dem Geier gleich ins Licht,
Und alles Blut und Fleisch

Schien draus gewichen.
So sass er,
Selber ein Skelett,
Bis dass die schwesterliche Dämmerung kam
Und auch der milde Bruder Mond.
Da fiel er in den Staub
Und schlug den Kiefer in die Erde wie der Eber,
Der Trüffeln sucht.
Dann stand er auf
Und waffenlos
Schritt er im Mond durch die trojansche Ebne.

Es wichen
Entsetzt die Wächter, die die Bahre bargen.
Er trat hinzu
Und nahm den Leichnam
Und trug ihn wie der Jäger
Ein Kitz trägt,
Warf ihn aufs Lager
Schlief die Nacht mit ihm,
Sein Haupt
Von toter Locken schwarzer Flut getrieben.

Sarpedon

Zeus liebte seinen Sohn
Den Sohn der Laodamia: Sarpedon:
Wie ein Geliebter den Geliebten.

Heimlich zuweilen
In der Gestalt einer Schlange
Lag er bei ihm.

Eines Tags begegneten einander
Sarpedon und Hyakinthos,
Schöne Hirten.
Zwischen sie trat Aphrodite
Lüstern beider.
In den Händen ihre Brüste tragend wie zwei Teller
Voll von Früchten.

Da stiessen die Jünglinge gegeneinander
Wie Geier
Mit ihren Lanzen und strohenen Schilden.

Auf seinem gläsernen Stuhl
Schloss Zeus die Augen,
Und eine Träne tropfte aus den Wimpern.
Denn keine Macht er hatte über Ananke,
Das Schicksal
Und den Tod.

Die Träne tropfte Sarpedon ins Auge
Und machte ihn blind,
Dass er der Deckung vergass.
Da traf ihn der wütige Feind
Ins Zwerchfell,

Dass er stürzte
Wie eine Fichte am Bergbach.
Rot floss der Bach.

Tief auf seufzte Zeus,
Dass die Erde bebte
Und die Sonnenscheibe wie ein Zinnteller
Klirrte.

Hyakinthos aber umarmte über der Leiche
Die girrende Göttin.

Am Abend flog Apollon hernieder
Und schlug den Leichnam in seinen flatternden Mantel.
Er trug ihn an die Gestade des Meeres
Und wusch ihn rein von Blut und Staub
Und salbte ihn mit Ambrosia.

Da nahten flügelrauschend zwei Tauben
Schwarz und weiss.
Die schwarze Taube setzte sich auf die Schulter de Toten,
Die weisse auf den Helm des schimmernden Gottes,
Der auf Wolken zum Olympos stieg.

Adonis

Als Phöbos Apollon dich sah,
Adonis,
Ergriff seine Seele ein seliger Schmerz.
Nicht freute ihn der Gesang der Mysten
Und nicht das Opfer im ragenden Heiligtum.

Er trat als Bettler staubig vor die Sibylle,
Die weissagende,
Und sprach:
Sage mir das Geschick des Knaben Adonis!

Die heiligen Nebel wallten,
Die süssen Düfte strömten,
Die Pythia sprach:
Der Knabe Adonis wird sterben
An Liebe, die zu heftig liebt.

Da ging der Gott und ging durch die seufzenden Fluren
Und schritt in seinen Tempel
Unerkannt
Und setzte sich auf die steinernen Stufen
Und weinte
Das bärtige Gesicht wie ein Igel

Im Strauchwerk der Hände versteckt.
Als er das Antlitz hob,
Waren seine Hände
Voller Perlen.

Hephästos reihte sie
Zu einer Kette.
Die brachte Hermes dem Knaben,
Als er die Ziegen weidete am Taygetos,
Und hing sie ihm um den Hals,
Die Tränen des Gottes.

Der Tod des Adonis

Sieben Wochen schon schreit Kypris,
Denn Adonis starb,
Der schönste der Menschen.
Die Sterne weinen nachts Sternschnuppen,
Und salzig von Tränen ist
Das Gewässer der Flüsse.
An den Quellen sitzen die Nymphen
Und schluchzen,
Und jammernd durch Feld und Hain
Streifen Eroten.
Ihr Klagegeschrei
Ai ai ai
Durchhallt die Schluchten und schreckt
Den einsamen Wanderer.

Unseligen Tod
Starb der Geliebte.
Denn als er wandelt
Durch den Wald,
Begegnet ihm ein wilder Eber,

Der alsogleich entbrennt wider den Schönen
In Liebe.

Liebkosend er gegen ihn sprang.
Aber so rauh war seine Zärtlichkeit,
Dass mit den Hauern er
Dem schönen Knaben
Die Brust zerriss.

Unbeerdigt lag er im Moose
Unverwest.
Kein Wurm ihn benagte
Und keine Krähe ihn hackte.
Der Mond hielt mit bleicher Fackel
Die Totenwacht.
Die Geister der untern Welt,
Sie kamen
Schleichend und schillernd
Herauf
Und sassen am weissen Strom seines Leibes
Wie an den Ufern des heiligen Flusses.

Und Charon nahm
Am siebenten Tage
Den leuchtenden Leichnam
Auf seine Schulter wie ein totes Reh,
Das der Jäger nach Hause trägt
Zu den Seinen.

Der Leichnam blinkte
In den Grotten der Unterwelt

Wie eine weisse Ampel.
Von allen Seiten
Die toten Seelen
Wie nächtliche Falter zum Lichte flogen,
Bis sie ihn deckten
Bedeckten
Und er
Unter den schwarzen Flügelschlägen
Erlosch.

Elpenor

An den Okeanos kam Odysseus,
Der viel wandernde,
Viel bewanderte.
Ewige Nacht herrschte
Über dem Volk der trotzigen Kimmerier.

Er opferte ein schwarzes Schaf,
Das dunkle Blut floss in die Opfergrube.

Da nun der Duft des Blutes zu Lüften stieg,
Wehte aus dem Felsentor,
Dem Eingang zur Unterwelt
Der Schatten Elpenors,
Des liebsten und lieblichsten Freundes.

Odysseus hob die Arme wie blühende Pfirsichzweige:
Mein Freund, dass ich dich sehe
Einmal noch,
Danach mich so verlangte
Wie einen Widder in der Wüste nach Regen oder Quell.
Gib mir deine Hände, dass ich sie halte und nimmer lasse,
Gib mir dein Herz,
Nimm meines dafür!

Der Schatten wehte
Und seufzte:
Lass mich das dunkle Blut trinken,
Odysseus,
Lass mich ins Leben wieder gehn!
Ach, dass einmal noch ich schritte
Unter den tönenden Gestirnen,
Dem Oleander
Zauberisch duftend,
Dass einmal noch ein Mädchen ich hielte bei den zierlichen Brüsten,
Und ihre Armreife klirrten,

Wenn ich sie liebte,
Die an der Mauer leicht gelehnte,
Und meine Küsse bald ihre Lippen bald den Efeu träfen.
Dass ein Freund mich noch einmal schlösse
In die gewaltigen Arme:
Odysseus!
Besser eine Ratte im stinkenden Loch
Oder ein Schakal

Sich nährend von Aas,
Als selber Aas sein
Stinkend
Tot
Den Würmern Speise und dem lieben Licht ein Greuel.

Der Schatten neigte sich und trank das schwarze Blut,
Das schon gerann
Und wehte auf
Ein schwarzer Schmetterling
Mit blutbetupften Schwingen
Und schwirrte um die Stirne des Odysseus
Und schwebte, windgetrieben, über den Okeanos
Dahin, dahin ...

Herbst

Schon hebt die tanzende Charite
Die selige Syrinx,
Und dem gelösten Haar entfällt
Ein Büschel Mohn.

Im Wasser spiegelt sich erstaunt
Der heilige Frosch.
Die letzte Schwalbe
Verweht nach Süden.

Ins brechende Blumenauge
Blickt der verwunderte Jüngling,

Unwissend, dass er die Blume brach am Taumorgen,
Da er die Freundin streichelte.

Er schreitet,
Der marmorne Henker,
Nackt
In die stygische Nacht.

Phaëthon

Phaëthon,
Der Mundschenk der Götter,
Mischte den Göttern
Schlaf in den Wein.
Sie tranken,
Sie sanken
In Traum und in Schlaf.

An seinen Sonnenwagen gelehnt
Schlief Helios.
Die Zügel schleiften
Auf Wolken.

Da trat der Knabe Phaëthon herzu,
Sprang auf das Brett,
Ergriff die Geissel
Und liess sie über die Rosse sausen,
Die goldenen.

Sie wieherten jauchzend
Unter der jungen Hand
Und jagten durch den Äther,
Verliessen die alteingefahrene Bahn.
Die goldenen Locken des Knaben,

Die goldenen Mähnen der Rosse
Stoben im Sternensturm.

Als er am Abend lenkte
Das goldne Gefährt
In den himmlischen Stall,
Da waren die Götter erwacht.

Helios jammerte,
Zeus grollte.

Schneeweiss war des Göttervaters Haar geworden,
Schnee lag auf dem Götterberg.
Denn allzuweit hatte der Knabe sich von ihm entfernt
Mit dem Sonnenwagen.

Zu nah war er der Erde gekommen,
Denn tausend Steppen standen in Flammen
Und Wälder bluteten rot.

Das grosse Feuer kam
Wie einst das grosse Wasser war gekommen.
Die Lava rollte schwarz.
Die heilige Zeder
Brannte.

Aus den verkohlten Wurzeln stiegen
Gewürm und Engerling ans Licht.

Und Kypris, die die Nacht wie stets
Auf Erden zugebracht,
Riss ihren Knaben
Eros
Hinter sich auf das geflügelte Pferd.
Das galoppierte über den wandernden Insekten
Auf den Leibern der Dämonen
Und hob sich wie ein Adler dann

Und galoppierte auf den Wolken –
Und kam zum Götterberg.

Eiszapfen hingen von dem Ritt durch die Äonen
Dem Pferde in den Mähnen.
Kypris mondblondes Haar war weiss beschneit,
Und Eros
Schlug die erstarrten Finger aneinander
Wie Glockenklöppel.

Ich friere, sagte Helios.
Was tatest du,
Vorwitziger Knabe,
Phaëthon?
Die Götter frieren,
Und der Menschen viele sind verbrannt
Wie Kälber am Spiess.

Zeus weint zum erstenmal seit Ewigkeiten,
Und Kypris floh die Erde.

Der Knabe aber
Schnalzte mit der Zunge
Und zog die Stirne kraus –
Und lächelte
Und schwieg.

Gedichte

Die Plejaden

1917

1.

Der Totenkopf

Es wird nie wieder Friede sein. Der Kopf
Des Todes grinst auf allen Vertikos.
In Bronze. Gips. Als Bierkrug. Suppentopf.
Er birgt sich liebend in des Mädchens Schoss.

Er schwankt auf einem dürren Trunkenbold.
Man nimmt ihn untern Arm. Als Springbrunn speit
Er Blut in eine Blütenwelt. Er rollt
Als Kegelkugel durch die grosse Zeit.

2.

Gott der Kindheit, darf man dir noch glauben?
Ach ich kenne dich nicht mehr.
Wo sind deiner Herrschaft milde Tauben
Und des Weines goldgegorne Trauben
Und des Frühlings frohe Wiederkehr?

Falten trage ich und rauhe Runzeln,
Und mein Schädel ist mit Moos gestopft.
Bei der Kerze abendrotem Funzeln
Denk ich lächelnd an mein Beet Rapunzeln,
Über dem der Juniregen tropft.

3.

Ich ging übers Feld und suchte einen Menschen.
Ich traf sieben tote Engländer.
Ich begab mich in das Dorf.
Wollte ein Weib. Liebte eine Ziege.

Erhob den Blick und suchte die Sonne.
Sie war von Granatennebel umdunkelt.
Ich fiel zur Erde. Meine Knie
Stiessen auf Eisen und Beton.

Gänse schnattern. Zum Teufel: dreht ihnen die Hälse ab!
Laternen leuchten. Auslöschen!
Mädchen lächeln von unten herauf. Begattet sie
Mit Messern oder sonst einem Tod.

Den Fliegen reisse man einzeln die Flügel aus.
Blende den Hasen und jage ihn ins Feld.
Menschen ohne Beine mögen laufen,
Wohin immer es ihnen gefällt.

Leben wird unerträglich dem Sterbenden.
Sonne: ich spei dir in dein goldnes Gesicht
Die Eiterfetzen meiner Lunge. Mutter –
Warum immer gebärst du Tod!

4.

Kleine Französin, weine nicht,
Starb Mann den Kindes-,
Kind den Mannestod.
Die Schnörkel der Kathedrale
Umschlingen uns Irrende.

Suche den Weg nicht
Aus dem Steingestrüpp.

Bleibe
Pilaster ...

5.

Abschied

Ich stopfe dir mein Taschentuch in die Wunde
Oder was einmal Taschentuch gewesen.
Gott schlägt die elfte Stunde.
Soll ich dir aus der Bergpredigt vorlesen?

Liebet euch untereinander. Ich hab nie gewagt
Jemand zu lieben: wie ich liebe jetzt dich, halbtoter Freund.
Und du bist doch nur ein Hund, der auf fremden Feldern streunt
Und (wie nach Kaninchen) nach letzter Liebe jagt.

Räudiger Hund. Wir sind alle von Ungeziefer zerzaust.
Ehe wir uns in den Himmel bequemen,
Müssen wir ein (russisches) Dampfbad nehmen,
Und Gottvater selber ists, der uns laust.

6.

Für S.S.

Es halten deine blumenhaften Hände
Der Erde Achse, die sich leise dreht.
Und selbst des Krieges blutendes Gerät
Wird Erntesichel überm Herbstgelände.

Es rauschen hinter deinem Felsenhaupt
Die violetten Ströme in den Adern.
Und deine blauen Blicke blondbelaubt
Entketten sich zu seligen Fluggeschwadern.

Ich sehe wohl die leuchtenden Maschinen,
Allein ich bin im Fernen irgendwo,

In Grönland und als Eskimo,
Um dort dem Walfisch und dem Tran zu dienen.

7.

Schlimm ist es, in der Heimat Frauen haben
Und Kinder, deren Zukunft man bedenkt.
Man möchte sie vergessen und begraben,
Wenn man sich selber in den Himmel hängt.

Man greift zum Strick. Man schlingt ihn um den Mond
Man schlenkert klirrend in der leeren Luft.
Man gräbt sich in den Wolken seine Gruft,
Ein toter Stern, der Erde ungewohnt.

8.

Im Schützengraben

Bruder: vielleicht
Bist du es, Bruder, dem ich den Kolben gab?
Jetzt schläft du todmüde in einem Massengrab
Und ich liege im Schützengraben: aufgeweicht.

Wir tanzen in französischen Blusen.
Paul spielt Harmonika. Applaus.
Der dicke Unteroffizier hat beinah einen Busen.
Der gefangene Hochländer sieht wie eine junge Dame aus.

Seufzer einem wie Küsse vom Munde stieben.
Man sehnt sich nach einer Ziege oder einem Pferd.
Wo sind die Mädchen geblieben?
Die Ehe mit einer betagten Witwe ohne Vermögen erscheint
    plötzlich erstrebenswert.

9.

Im Lazarett

Ein Bauchschuss befindet sich auf dem Wege der Besserung.
Ein (alkoholischer) Magenkatarrh beschwert sich über Verwässerung
Des Magensaftes durch dünne Medizinen.
Zwei Schwestern sind beflissen, einem Ohnebein zu dienen.

Ein Herzschuss möchte zum Schluss noch etwas Sekt.
Eine Ruhr hat schon wieder das Bett verdreckt.
Eine Schenkeleiterung muss Liebesbriefe schmieren.
Ein Streifschuss geht (draussen) in der Sonne spazieren.

10.

Es schwillt die Flut. Es stürzt der Damm.
Wer ist noch gut? Wer stemmt sich: Stamm?
Wo schmerzt dein Herz? Es weht im Wind.
Dein Hirn? Aus Erz. Dein Blut? Es rinnt.

Und wer da hebt die stille Hand,
Dem schlägt ein Schwert sie in den Sand.
Und wer da lächelt irr im Blick,
Spürt schon um seinen Hals den Strick.

Es geht zu End, Gebete send,
Die Herde flennt, die Erde brennt.
Wohl dem, der starr und unbewegt
Die Steinstirn durch die Flammen trägt.

11.

Es fällt ein Blatt. Es stürzt ein Baum.
Es steht der Mond. Es weht die Nacht.
Und über allem Traum und Raum
Ist eine Hoffnung sacht erwacht.

Sie sucht nach Rast. Ein Falter fast.
Sie stäubt dahin, sie glänzt dahin.
Und wer die Erde noch gehasst,
Betäubt geht und bekränzt er hin.

Du, dem das Blut zum Halse stieg,
Und der die goldne Sense schwang:
Die Stirne neig! Die Kniee bieg!
Der Gott geht seinen Donnergang!

12.

Der Dichter im Winter

Die Stadt in Schnee und kühlem Mondlicht liegt.
Die Schlitten schweben und der Nordwind schweift.
Soldaten gehen glitzernd und bereift,
Und Frauen sind in Pelze eingeschmiegt.

Wo winkt ein Fasching, dass du dich entlarvst?
Bewahr dein heisses Herz zu eigener Tat
Und hoffe, dass ein holder Frühling naht,
Wo du es wieder allen zeigen darfst ...

Der Friede

Der Friede stürzt ins Land
Gleich einem Schaf, von Wölfen angerissen.
Er trägt ein grau Gewand,
Zerflattert und zersplissen.

Sein Antlitz ist zerfressen,
Sein Auge ohne Glanz.
Er hat vergessen
Den eignen Namen ganz.

Gleich einem alten Kind
(Gealtert früh in Harmen)
Steht er im Abendwind
Und bettelt um Erbarmen

Es glänzt sein blondes Haar,
Der Sonne doch ein Teilchen.
Er bietet lächelnd dar
Ein welkes Herz und welke Veilchen.

Verse aus dem Gefängnis

Militärgefängnis Nürnberg, April 1919

1.

Zuerst rannte ich mit dem Kopf gegen die Wand
Und rüttelte an den Stäben.
Ich verfluchte Tod und Leben
Und steckte mit meinem feurigen Blick das ganze Gefängnis in Brand.
Das vergitterte Fenster oben war blind und klein.
Ich wusste nie, ob die Sonne schien oder Regen.
Ich hungerte und hatte tausend Mägen,
Und ich wollte so gerne mein eigener Enkel sein.
Dann warf ich mich auf die Pritsche hin.
Eine Schale Suppe ist durch die Tür geschwebt.
Ich habe wie ein hungriger Menagerielöwe gebebt.
Einmal ging ein Frauenschritt auf dem Gang vorüber. Der Schritt einer
    Königin.
Schliesslich bin ich davon überzeugt, dass ich ein Verbrecher sei,
Und dass ich mit vollem Recht unschädlich gemacht bin.
Ich dulde es, dass ich vom Wärter verlacht bin,
Und ich fühle, dass er so etwas wie ein Cherubim mit Flammen-
    schwert und meiner Taten Rächer sei.
Einmal wird die Tür sich öffnen und wie eine Gnade
Wird mir die edle Freiheit wieder von Gott gewährt.
Ich stürze sofort in ein erstklassiges Hotel und bade

Und gehe in die Reitschule und besteige mein Lieblingspferd.
Ich glaube, es hiess Mimi, wie das zarte Mädchen in dem bekannten
    Bohème-Romane,
Und ich jage durch den englischen Garten und reite durch Felder
    von Korn und Mohn,
Und ich rase und schwinge der Sonne rote Fahne
Und ich reite voran der himmlischen Revolution.

2.

Kann ich denn noch Verse singen,
Wo ich hinter Stäben sitze?
Donner donnre, Blitze blitze,
Und die Wand will nicht zerspringen.
Ginge doch die Tür und käme
Eine frauliche Gestalt,
Die mich bei den Händen nähme,
Sie sei Mädchen oder alt.
Wenn der Tisch sich doch belebte,
Wenn mein Mantel mich umfinge!
Dieses Kissen an mir hinge,
Dieses Bildnis – wenn es lebte!

3.

Draussen singt ein Vogel in der Welt.
Draussen blüht ein blaues Frühlingsfeld,
Draussen geht ein Mädchen Arm in Arm
Österlich geputzt mit dem Gendarm.
Draussen sitzen satt im Restaurant
Bürger bei Musik und Gabelklang.
Auf der Burg von Nürnberg spielt ein Kind
Mit den Wolken und dem Himmelswind.
Und der Untersuchungsrichter streicht
Seiner Frau das blonde Haar vielleicht.
Draussen lächeln sie einander an:
Greis und Säugling, Mädchen oder Mann.

Draussen lieben sie einander sehr:
Reh und Wiese, Sonnenschein und Meer.

4.

Nun wird es wieder dunkel.
Kein Stern tritt mit Gefunkel
In meine Zelle ein.
Die Wände schier erblassen,
Und grüne Hände fassen
Nach mir wie zum Gespensterreihn.

Wie wird es morgen werden?
Kein Himmel hier auf Erden.
Die Nacht so sanfte Wellen schlägt.
Ich sinke wie verloren,
Umhüllt von schwarzen Floren,
In einen Fluss, der mich von dannen trägt.

5.

Und heut in der Nacht / da bin ich erwacht,
Es schrieb eine Hand an der Wand.
Und die Schrift war rot / wie Blut so rot,
Und wie Wachs so weiss war die Hand.

Und ich sahs und vergass / meine Ängste und las,
Was die Hand, die silberne, schrieb.
Bedarfst du mein? / Du bist nicht allein
Und ich hab dich ewig lieb.

Vergiss nicht die Fei / und die heilige Drei
Und den Schrei und den endlosen Kuss.
Der Kerker zerbricht / es naht das Gericht,
Und zur Quelle empor fliesst der Fluss.

Die Nacht und der Tag / der Mond und der Hag,
Wir lieben uns immer neu.

Du küsst meine Stirn / wie Sonne den Firn
Und als Bettler hüllt uns die Streu.

Bleibe du, bleibe ich / so singe, so sprich,
Sprach ich recht, sprach ich dich, sprach ich du?
Ich ergriff an der Wand / die silberne Hand,
Und sie zog mich den Sternen zu.

6.

Wie der Schneefuchs der Polarnacht
Streif ich einsam durch das Leben,
Keinem künftig hingegeben,
Weil die Einsamkeit nur wahr macht.
Fälschte nicht des Bruders Tritt ich?
Wünscht zum Ziel er meinen Rat sich?
Jeder suche seinen Pfad sich,
Und schon schwirrt des Geiers Fittich.

Ja: verzeiht dem armen Toren,
Dass er focht für seine Brüder.
Hier, die Waffen legt er nieder,
Denn ihr habt ihn nicht erkoren.
Blasser starrt der Mond und gelber,
Felsen folgen seinem Scheine.
Und vergebt mir, dass ich weine,
Denn nichts wollt ich für mich selber.

7.

Sonett auf Nürnberg

Du deutsche Stadt, du deutscheste der Städte,
Mich Wankenden beschützen deine Mauern.
Zart bist du zu dem Zarten, rauh zum Rauhern.
Ich bete deine steinernen Gebete.

O Zeit, da gut und fromm selbst das Geräte!
Ich fühle mich bewegt von edlen Schauern.
Gott, welcher Bild und Giebel ward, wird dauern,
Wenn wir längst Dünger nur für Friedhofbeete.

Sind diese Gräben für den Krieg geschaffen?
Um Scharten blüht der Ginster und der Flieder.
Der Goldschmied, nahm er Gold, um zu erraffen?

Die Zeit war ewig. Lerchen ihre Lieder.
Lass unsere Seelen sich zur Einfalt straffen
Und gib uns Dürer, gib Hans Sachs uns wieder!

Nacht und Morgen und wieder Nacht

Als die Sterne sanken,
Als wir Nebel tranken,
Morgen wölbte seine Hand –
Unter seinem Segen
Haben wir gelegen
Wie ein aufgeblühtes Land.

Unsre Felder reiften.
Unsre Jäger streiften
Durch die taubeglänzte Pracht.
Reh durchschritt die Ferne.
Aber wie die Sterne
Sanken wir in unsre eigne Nacht.

Blick ins Tal

Aroser Weisshorn; für Ernst L.

Lass, o lass mich niedersinken
Wie ein Tropfen Tau im Hain.
Berge blühen, Wipfel winken,
Und ich bin nicht mehr allein.

Spukt im Mond, ihr halben Helden!
Wind und Wolke lügen nicht.
Keine Glockenstrophen melden,
Wenn ein Enzianauge bricht.

Menschen hatten zarte Seelen,
Schon ein Nadelstich traf Blut ...
Am Gestein sollst du dich stählen,
Und im Felsen werde gut!

Steinschlag soll das Tal entmannen,
Und die Lau es überwehn –
In Narzissen und in Tannen
Wird es himmlisch auferstehn.

Die Graubündnerin

Die Wolke hängt sich müde in die Miene
Des herbstlich schon ergrauten Tannenwalds.
Der Wasserfall gleicht einer Mandoline.
Ein roter Vogel zwitschert auf der Balz.

Vom Steinbruch tönt ein nagendes Gehämmer.
Die Lore fährt mit Felsenfracht zu Tal.
Durch dieses Nachmittages Waldesdämmer
Gleitet ein papageienhafter Schal.

Es zucken matt im Anhauch rauher Winde
Die schmalen Schultern der Graubündnerin.
Um Hals und Nacken schlingt sich eine Binde
Und stützt das fast entfallene Totenkinn.

Der Zephir

Er gehet beflügelt
Und läutet am Hügel.
Es streifen die Sohlen
Die frauliche Au.
Nun dürfen wir schlürfen
Im Auge den Abend
Und Erde und Herde
Ertrinken im Tau.
Ich wende die Hände
Die feuchten ins Leuchten,
Aufs Herz mir gezückt schon
Des Mondes Stilett.
Die zärtlichen Winde
Umfangen den Enkel.
Er gleitet beglückt schon.
Sie führen ihn linde
Ins ewige Bett.

Lied im Herbst

Wie Krieger in Zinnober
Stehn Bäume auf der Wacht.
Ich taumle durch Oktober
Und Nacht.

Blut klebt an meinem Rocke.
Mein Weg ist weit und lang.
Des Tales dunkle Glocke
Verklang.

Auf einem schwarzen Pferde
Reit ich von Stern zu Stern.
Die Sonne und die Erde
Sind fern.

Ich bin von vielen Winden
Zu Gott emporgereicht.
Werd ich den Frühling finden?
Vielleicht ...

Winteranfang

Alle Welt ist, voll Wind.
Der Herbst fallt von den Bäumen.
Wir sind
In Träumen.

Der erste weisse Schnee ...
Wer auf ihn tritt, tritt ihn zu Dreck.
Ich sehe weg,
Weil ich mein Herz seh.

Der erste Schnee

Der weisse Schnee beflügelt mein Gehirn.
Die Tannen auch erscheinen schön besternt.
So seien nun die Sonnen und die dürrn
Oktoberzweige aus dem Blick entfernt.

Wenn dieses Glück uns auch nicht wärmer macht,
Und wenn vielleicht der Nebel trunken trieft,
Wir haben – selig! – eine weisse Nacht.
O denkt, wie lang ihr nicht im Hellen schlieft ...

Schneeflocken

Wende ich den Kopf nach oben:
Wie die weissen Flocken fliegen,
Fühle ich mich selbst gehoben
Und im Wirbeltanze wiegen.

Dicht und dichter das Gewimmel;
Eine Flocke bin auch ich. –
Wieviel Flocken braucht der Himmel,
Eh die Erde langsam sich
Weiss umhüllt.

Prometheus auf Skiern

Ists Schnee, der rosa unter meinen Skiern blüht?
Ists Winterluft, die heiss um meine Schläfen zieht?
Der Watzmann, der sich frierend früh in Schleiern barg,
Liegt nackt und glänzend da, noch unverratzt vom Telemark ...
Ich reisse Hemd und Sweater von der feuchten
Haut und lass sie bronzen in der Sonne leuchten ...
Nun über diesen Hang hinab ... das Tal
Brandet noch grau in dumpfer Nebelqual ...
Ich sause ... trage die Sonne auf meinem Rücken ... flammenbeschwingt ...
Prometheus bin ich, der das Licht in Eure Tiefen bringt ...

Davoser Bar

In den lederbraunen Baren
Sitzen sie bei Drink und Vermouth.
Die da werden, die da waren,
Und der Smoking deutet Schwermut.

Manche mit entfleischten Rippen
Speien Eiter in die Gläser,
Während ihre Finger tippen
Takt dem goldnen Tangobläser.

Was sie denken, schallt entfernter
Als die müde Kirchturmschelle.
Seht: der Himmel scheint besternter
Und die Erde dreht sich schnelle.

Im entlaubten Fruktidore
Wölbt sich Brust zur Frucht gewaltsam.
Unsre atmenden Motore
Sausen nachtwärts unaufhaltsam.

Fünfuhrtee in der Halle

Der Kellner stellt die goldne Heizung an.
Ich friere sehr und wärme mich bemüht
An einem Zeitungsblatt, das geistig glüht.
Der Kellner stellt die goldne Heizung an.

Von Stock zu Stock jagt Jüngling der Chasseur.
Bald fängt er einen Brief. Bald einen Blick.
Bald trägt er ein Paket. Bald ein Geschick.
Auf Treppen hüpft ein Eichhorn: der Chasseur.

Ein Frauenfuss tanzt unter einem Tisch.
Die Robe bauscht sich über seinem Samt.

Ich sinne, wem der schöne Fuss entstammt.
Madame erhebt sich, schön verschwenderisch.

Sie wirft das Antlitz aus dem Schleier und
Entbietet lächelnd Gruss und Aug und Mund.
Madame entbietet Gruss und Aug und Mund.

Der Gentleman

Nun ist Ihr Schritt aus diesem Haus entschwunden,
Die Ledersessel stehen leer und stumm.
Ich rufe nach den gelben Rosenstunden
Und nach des Ragtimes zartem Unikum.

Mir ist, als ob ich immer jenen Lord seh,
Der einst vor meiner Eifersucht sich barg.
Sie schweben schon im Dampfer auf der Nordsee,
Und aus den Masten steigt der Hydepark.

Ein Pastor predigt Sonntags früh den Frommen
Und warnt sie vor des Whiskytrinkers Los.
Whitechapel lächelt heiter und verkommen.
Der Mond beträufelt Neger und Matros.

Und während unsere Brüder sich zerfleischen:
Das U-Boot zischt, auf London sinkt der Zepp –
Zerfliessen wir in geigenden Geräuschen
Und wippen leicht im Brasilianerstep.

Mich warf die Leidenschaft an Ihre Küste.
Wär ich Barbar! so wagte ich mich ganz!
O neigen Sie die Aprikosenbrüste
Im Angesicht des doch geliebten Manns.

Ich blute vor den Fliegerpfeilen Ihrer
Entbrannten Augen, braune Marjorie.

Einst siege ich – vielleicht ... im Rennbootvierer
Im Glanz der ewigen Kameraderie ...

Einsamkeit im nächtlichen Hotel

Auf dem Korridor
Hüpft der rote Mohr,
Welcher einer Dame Schokolade bringt.
Meine Einsamkeit
Ist Zerrissenheit
Bergs, aus dem ein Giessbach springt.

Ach, es lockt mich fast,
Mensch zu sein: ich tast
Ueberm Bette nach dem Lichtsignal.
Ruf die Kleine ich –
Weine ich
Und verfliesse in des Bettes Tal.

Im Hotelgemach,
Als ich stöhnend lag,
Hat ein Löwe meine Brust beschwert –
Niemand war mir gut.
Nur mein weicher Hut
Hat sich brüderlich mir zugekehrt.

Ohne Körper er
Schwebte leicht daher
Neigte sich und sass mir auf dem Haupt.
Er behütete,
Als man wütete,
Meinen Schlaf, den er dem Tod geraubt.

Abend in Locarno

Auf schwarzem Hut die rötliche Kokarde
Mein wildes Mädchen flattert zu Revolten.
Um ihre Lippen stürmt der Duft der Narde.
Die Füsse stampften und die Brüste rollten.

Wirf deiner Arme mondenen Sichellasso
Um meinen Nacken, dass ich stiergleich falle,
Morddurstige Madonna du del Sasso,
Und löse deines Gürtels Felsenschnalle.

Die Wolken steigen, tulpenrote Putten,
Auf grünen Leitern in die blauen Schwaden,
Indess die Menschen: Mönche braun in Kutten:
Sich in die Särge deiner Seufzer laden.

Der südliche Herbst

Für Anny

1.

Es ist so sanft, durch diesen Herbst zu eilen
Und dieses Blau des Himmels zu betrachten,
Bei spielerischen Kindern zu verweilen
Und auf den guten Gang des Greises achten.

Ein Adler glitzert auf der Zitadelle.
Ein Leoparde raschelt Bellinzona.
Auf seinem gelben und gefleckten Felle
Reitet die schönste Frau der Welt: Ilona.

Sie lächelt. Und ich hebe meine Hände.
Sie winkt. Ich sinke seufzend vor ihr nieder.

Es scheint das ausgebreitete Gelände
Um ihre Brust gespannt als goldnes Mieder.

O lass die Landschaft von der Hüfte fallen!
Entferne doch den Himmel aus den Blicken!
Und sei ein Mensch! Die Abendglocken schallen.
Du darfst beglückt sein, Mensch, und darfst beglücken.

2.

Noch sind voll grünem Laube die Platanen.
Die Reben hängen an den Stöcken schwer.
Die Menschen frieren in den Eisenbahnen
Voll Ahnung frühen Winters allzusehr.

Ja: morgen ist die letzte Traubenlesung;
Dann gibt der Winter uns den milden Wein
Und schenkt uns Wehmut und Verzweiflung ein.
Ich rieche dich im Laube der Verwesung ...

3.

Und so will ich, was ich werde;
Immer grösser grüsst der Mond.
Palmenbaum und dunkle Erde
Werden zarter sich gewohnt.

Silbersee zieht ohne Barke
Stromgleich durch verlassnes Laub.
Und des Winzers goldne Harke
Sank beseligt in den Staub.

Dass sich Brust an Brüsten dehne!
Gib den Winden ihren Lauf!
Einer Flöte Kantilene
Spielt zum Tanz der Motten auf.

Rote Rose, Winter witternd,
Kranke Frau im weissen Thron –
Heute starb, ich ahn es zitternd,
Meiner Küsse schönster Sohn.

4.

Der Mondschein glänzt wie deine Haut,
Dein schwarzes Haar ist weinbetaut.

Wer will den Wein? wer schuf die Hand?
Land wurde Leib, Leib wurde Land.

In braunen Augen wächst der Wald
Mit Reh und Baum zur Herbstgestalt.

Die Fliegen auch auf deiner Stirn
Im Flug der Liebe sich verirrn.

Ein jedes Gute findet leicht
In deinem Lächeln sich erreicht.

Ein jedes Elend fliesst als Blut
Aus deinem Schoss. Wird Kind. Wird gut.

Venedig

Im Norden
Frieren die Götter.
Hier
Strahlt jeder Gauner: ein heisser Gott.

Seines Tempels Stufen
Steigen aus dem Canale grande.
Er opfert
Sein südliches Herz sich selbst.

Die Sbirren schleichen
Zur Dämmerung.
Am Himmel segelt
Eine Gondel.

Die Adria
Brandet an meine Brust.
Der Markusplatz
Tönt wie eine Harfe.

An vergitterten Fenstern,
An freigelassenen Menschen vorbei:
Auf einer weissen Piazza
Entfaltet sich wie eine rote Mantille dein Lächeln.

Ists Tag? So ist die Sonne,
Ists Nacht? So ist der Mond
Am Herzen
Aufgegangen.

An der Ponte Viganello

An der Ponte Viganello
Sind Magnolien schon entzündet.
An der Ponte Viganello
Stimmt der März die Mandoline.

An der Ponte Viganello
Seufzt der Veilchenstrom des Flusses.
An der Ponte Viganello
Hab ich oft auf dich gewartet.

An der Ponte Viganello
Fliegen Möven, brennen Sonnen.
An der Ponte Viganello
Hingen Arm in Arm wir liebend.

An der Ponte Viganello
Steht ein Mädchen, äugt ins Wasser.
An der Ponte Viganello
Weiss das Wasser keine Antwort.

An der Ponte Viganello
Liegt der Friedhof Sankt Antonio.
An der Ponte Viganello
Hängt ein Gott, ans Kreuz geschlagen.

Passauer Distichen

Als ins fallende Laub vor zwanzig säuselnden Jahren
Herbst dich bettete bunt, rief er die Göttinnen all:
Seht von der letzten Libelle umschwärmt das schmächtige
    Menschlein!
Eine Göttin wie ihr – nur noch schleierverhüllt.

Und sie traten herzu und sahn die blonde Beseelung
Unter den Schleiern, die herbstlich die Spinne gewebt.
Eine nur senkte den Blick und hob die Hand und zerriss das
Leichte Gewebe: es war Venus. Sie segnete dich.

Dass wir einander in seliger Ruhe geniessen durften,
Dankten wir himmlisch erfreut nur dem christlichen Gott.
Fromm und feierlich wir schritten von Kirche zu Kirche,
Und im dämmrigen Gang fand sich Lippe zu Mund.
Und im Beichtstuhle fand sich Brust zu bebenden Brüsten,
Und im Herzschlag schlug dröhnend die Glocke vom Turm.

Unter blühenden Kirschen im mächtig sprossenden Grase
Liegen die Liebste und ich. Schatten breitet der Baum
Über das grüne Bett mit weissen Blüten durchmustert.
Blüten mit leichter Hand schüttelt der Frühling herab.
Doch von des Mädchens Lippe pflück ich die süssesten Früchte,
Fällt ihr ein Blatt auf den Mund, küss ich es zärtlich hinweg.

Also ein gütig Geschick uns Herbst und Frühling vereinte:
Schwebt die Blüte vom Baum, reift auf dem Mund sie zur Frucht.

Wo der Flüsse drei sich ineinander ergiessen,
Standen wir liebend gelehnt, sahn in die jagende Flut.
Drei ward eins. Ich fasste fester die Hand dir und dachte:
Du und ich – und das Kind. Also dreieinig auch wir.

Fiete

1.

Scheint das Licht noch
In dem Schlachtgrau?
Bleibe Pflicht doch
Meine Nachtfrau!

Wenn der Wind weht
Und der Baum rauscht,
Unser Kind geht
Und dem Traum lauscht.

2.

Alle sind besser
Als ich.
Lilie gegen Messer,
Kuss gegen Stich.

Lächeln gegen Zähne,
Herz gegen Stein.
Ach ich sehne
Mich all-ein.

3.

Begegnung in Hamburg

Dunkel ging ich durch die dunkle Twiete,
Sann, wo man mir meine Mahlzeit briete.

Draussen ... war vielleicht der Himmel blau?
Innen roch es sehr nach Kabeljau.

Um die Ecke schielt ein rotes Licht,
Welches einen guten Grog verspricht.

Dunkel kam ich aus der dunklen Twiete –

Da – ein heller Glanz – ich stoppte stumm:
War es Sonne? Wars Petroleum?

Nein, dein braunes Auge war es, Fiete ...

Weib

Wie du Wind vergebens
Alle Lüfte regst,
Hab ich Sinn des Lebens,
Weib, wenn du mich trägst.

Bin ich dir im Tiefen
Immer Tier und Sohn:
Die dich Göttin riefen,
Riefen Hündin schon.

Lieg ich dir im Schosse
Gramzerkrampft:
Fühl ich, wie die grosse
Welt sich selbst zerstampft.

Winkelried

Wie es dich zum Kampfe zieht!
Und du stürmst in goldner Wehre –
Wenn sie lächelnd dir ins Auge sieht:
Wo ist Trotz und Dolch und Ehre? –
Drückst du dir wie Winkelried
Tief ins eigne Blut der Feindin Speere ...

Musik! Musik!

Musik! Musik! Zusammensein
Mit tausend Tönen, das mich nicht verlässt.
Ich schwinge mich im angesagten Fest
Und bin zu vielen und nicht mehr zu zwein.

Ich bin erlöst von meinem Blondverlangen.
Und Sybil ist mir wie ein ferner Wald,
Aus dem, bevölkert mit den schönen Schlangen,
Der herbstlich rote Schrei des Hirsches schallt.

Nicht mehr im Ruch der faulen Gossen sein.
Ein Eherner zur Sternparade schreiten.
Unter dem blauen Brückenbogen gleiten.
O ganz im süssen See verflossen sein!

Thea

Seh ich jene petrefakte
Hügelkuppe blondgeschmückt:
Scheint sie eine schöne nackte
Frau, die sich nach vorne bückt.

Wie ihr Rücken rund sich ründet.
Und es regt sich plötzlich zwischen

Meinen Schenkeln und ich stoss,
Erde, mich mit dir zu mischen,
Meinen Thyrsusstab entzündet
Tief in deinen waldigen Schoss.

Musette

Wenn dein Mund liegt
An meiner Scham,
Und meine Sehnsucht wund wiegt,
Als ob ein grosser Vogel mich auf seine Flügel nahm:

Dann meine Lippen rasen
In der entflammten Nacht.
Aufsteigt ein Wasen,
Der mich von Sinn und Seelen macht.

Mir wird in seinem Ruch
So süsser Träume schwer.
Genug
Weiss ich dann von der Welt und will nichts wissen mehr. –

Mimi

1.

Als ich bei dir lag
Auf dem Wiesenhag,
Und der Neckar flutete so mild:
Fähre führte Vieh,
Hügel bog sich wie
Eine Mutter, die ihr Kindlein stillt.

Berg und Brust ist eins,
Schoss und Erd ist eins,
Augen, Augen blinken wie von Tau.

Welche Kühle ach
Wind, ich fühle ach
Plötzlich eine andre Frau.

O begegne doch
Frau und segne doch
Deine Schwester, die sich vor dir neigt.
Die auf Leiter von
Zartem Stricke schon
Aufwärts zu den Wolken steigt.

2.

Was ich dir hier singe,
Ist nur für dich gemacht.
Die violette Syringe,
Der Mond und das Ding der Dinge
Ist nur für dich gemacht.

Die heimliche Lust der Lüste
Ist nur für dich gemacht,
O gib mir deine Brüste.
Ebbe und Flut unsrer Küste
Sind nur für dich gemacht.

Das breite Bett, ich dächte
Es ist für dich gemacht.
Komm, löse deine Flechte,
Denn diese Nacht der Nächte,
Sie ist für uns gemacht.

3.

Trinklied

Wirt, schlag aus dem Fass den Banzen,
Wir wollen saufen und tanzen:
Mimi und ich.

Lahmer, du spielst Harmonika,
Und die zahme Elster schreit krakra.
Die Amseln flöten.

War das ein Tag! Wird das eine Nacht!
Auf den Neckarhügeln sind Sonnwendfeuer entfacht:
Unsre Herzen.
Mädchen, du lachst verschwenderisch!
Du bist atemlos! Komm ins Gebüsch!
Ich will dich umarmen!

Der feiste Wirt zapft an seinem Fass.
Der Lahme singt mit rostigem Bass.
Die Elster schreit.
Mädchen, ich spüre deinen Schoss
Als läge die Sonne vor mir bloss,
Die Nacht leuchtet.

Ich streiche dir das Haar zurecht.
Der Wirt offeriert gebratenen Hecht
Und goldenen Mosel.
Öffne das Auge! Jetzt bist du sanft
Wie der Mond überm Wiesenranft,
Holde Dryade!

Fannerl

Hab dich doch lieb,
Fannerl, Wenn die Sterne fallen,
Wenn die Sonne steigt.

Du duftest wie das Ried.
Du bist frisch wie ein Taumorgen.
Deine Hände betten mich an deine Brust,
Als wäre ich dein Enkelkind.

Unten im Gries
Fliesst die Isar.
Wollen wir Floss fahren
Bis ins Meer?

Tags ist es kühl bei dir
Wie im Schatten der Leutaschklamm.
Aber nachts
Brennst du wie der Mittag auf den Karwendelsteinen.

Wenn der Herbst kommt,
Wenn ich weiter muss –
Weine nicht,
Fannerl.

Grete G.

So lauf ich mit dem Winde um die Wette
Und borge von den Sternen meinen Schein.
Die Erde ist mein Bette
Und soll mein Himmel sein.

Komm: Mädchen, Jüngling – beides mir.
Noch fühl ich unter deiner Brüste Früchten
Das Herz sich wie ein scheues Tier
Ins Dickicht deines Leibes flüchten.

Ach wenn ich wie der Pelikan
Die Brüste beide dir zerreissen dürfte
Das Blut aus deinem Herzen schlürfte!
Wie wär ich selig dran!

Julie

Ich war so hungrig nach deinem Leibe,
Süsse Seele.
Ich brannte. Nun, da ich sanft verschwele:
Du hast mich satt gemacht.
Nun will ich gehn. Ich treibe
Wie eine Barke durch die Nacht.
Es lächelt mein Blut.
Alles ist gut.
Alles ist schön.
Ich fühle,
Wie aus dem Sterngewühle
Zwei ewige Augen auf mich niedersehn.

Die Seiltänzerin

Alles weinet, wenn du es besiehst,
Denn es scheint zu schön in deinem Blicke.
Weile, Flutende! O du entfliehst
Und entbindest dich der zarten Stricke.

So wie wenn auf hohem Seil der Tanz
Eines Kindes uns erschreckt bezaubert:
Bist du Spiel: ein dunkler Mann ersanns –
Und zur Erde stürzt entflammt der Tauber.

Weile, Glutende, o du entfliehst!
Schon erheben dich die Felsenfirne
Und gleich einem hohen Sternbild ziehst
Du im ewigen Kreis auf meiner Stirne.

Im Auto

Ich bin gut und fahr im Glück.
Von den nassen Scheiben
Klatschen Blicke dumpf zurück,
Die wie Vögel treiben.

Alles rollt an mir vorbei.
Über die Kanäle
Irr ich wie ein böser Schrei,
Den ich mir verhehle.

Plötzlich bin ich nicht mehr da.
Motor platzt im Dunkeln.
Und ich sehe sausend nah,
Tod, dein Auge funkeln.

Die Pfeife zwischen den Zähnen

Liegst du auf der Ottomane,
Und die Pfeife in den Zähnen:
Darfst du schaukelnd dich im Kahne
Auf dem Meer des Nicht-mehr wähnen.

Silbern steigt der Rauch nach oben.
Mit den leisen weisen Kreisen
Fühlst du selber dich gehoben
Und im Wolkenreigen reisen.

Erde, Mond und Sonne sangen.
Alles geht in Rauch und Luft auf.
Alles geht in Hauch und Duft auf.
Du vergehst. Und bist vergangen.

Der letzte Trunk

Nach Baudelaire

Tod, alter Fährmann! Es ist Zeit! Anker gelichtet!
Weisse Winde flattern wie Möwen. Segel gehisst!
Ob Meer und Himmel sich wie schwarze Tinte dichtet,
Du weisst es, dass mein Herz voll goldner Strahlen ist.

Giess ein den letzten Trunk des roten Blutes!
Wie Feuer brennts im Schlund. Mich trägt die Welle
Bis auf des Unbekannten tiefsten Grund. Was tut es,
Ob Himmel mich das Neue lehrt, ob Hölle?

Das Notabene

Nach Bellmann

Holt mir Wein in vollen Krügen!
(Notabene: Wein vom Sundgau)
Und ein Weib soll bei mir liegen!
(Notabene: eine Jungfrau)
Ewig hängt sie mir am Munde.
(Notabene: eine Stunde ...)

Ach, das Leben lebt sich lyrisch
(Notabene: wenn man jung ist),
Und es duftet so verführisch
(Notabene: wenns kein Dung ist),
Ach, wie leicht wird hier erreicht doch
(Notabene: ein Vielleicht noch ...).

Lass die Erde heiss sich drehen!
(Notabene: bis sie kalt ist)
Deine Liebste sollst du sehen
(Notabene: wenn sie alt ist ...)

Lache, saufe, hure, trabe –
(Notabene: bis zum Grabe).

Der Selbstmörder

Niemand weiss, dass ich gestorben bin.
Alle sehen freundlich zu mir hin.
Manche meinen mit verglastem Lächeln
Trost und Heiterkeit mir zuzufächeln.

Manche fragen, wie es mir erginge?
Ob wie sonst ich singe oder springe?
Oder ob mein Flötenmund verstummt sei?
Und warum so dunkel ich vermummt sei?

Ärzte diagnostizieren edel.
Jemand klopft erstaunt an meinen Schädel.
Und das klingt, als ob an einer Türe
Einlass heischend wer die Finger rühre.

Lassen Sie mich, bitte, meine Damen,
Die zuweilen zart zur Liebe kamen.
Keine Freundin schläft mir künftig bei
Als die Wasser- oder Wiesenfei.

Ihre Haare sind aus Tang und Moose,
Und ihr Schoss ist eine Wasserrose.
Ihre Hände sind so feucht wie Frösche,
Und mich deucht, dass ich schon sanft verlösche.

Der Torso

Für Modrow

Es beugt sich eine Statue, behängt
Mit einem Schleier schamentblösster Blicke.
Ein Knabenantlitz, das sich Sonnen fängt.
Ein Mädchenlächeln, zahm wie eine Ricke.

Hier eine Unvollendete: sie hofft
Noch feucht im Ton Lebendiges zu wagen.
An diesen schönen Brüsten ruhet oft
Der Meister, wenn der Marmor ihn erschlagen.

Der Mandrill

Ich spielte auf der Lotoswiese
Und wusste nichts von Licht und Leid,
Da wehte eine stete Bise
Mich an das Eiland dieser Zeit.

Ich war ein Staub der Algenblüte,
Der aufwärts in die Erde will.
Und bald in meinen Adern glühte
Die Urwaldsehnsucht des Mandrill.

Als schnaubend einst ich die Genossen
Sah durch die Schachtelhalme fliehn:
Lag plötzlich vor mir ausgegossen
Ein Wesen, das mir lieblich schien.

Um ihre Glieder sich zu ranken:
Welch Übermass an Seligkeit!
Und herrisch griffen meine Pranken
Nach ihr, zu jeder Lust bereit.

Sie schlug die Augen auf. Der Himmel
War ganz in den Opal gebrannt.
Es hat sein Bann mich dem Gewimmel
Der Brüder wieder zugewandt.

Nun such ich stets das zarte Wesen
Als Mensch, als Blüte oder Tier.
Denn mir nur ist sie auserlesen,
Ihr Nichtsein selbst gehört noch mir.

Der Schnapphans

1.

Ich bin ein armer Kauz
Und hab nicht Haus noch Stall.
Der Wald, der ist mein Haus,
Die Luft ist mein Gemahl.

Ein altes Hemd mein Fell,
Der Wind pfeift mir durchs Bein.
Hilf, dass ich in der Höll
Nicht auch muss Schnapphans sein ...

2.

Woher?
Vom Meer.
Wohin?
Zum Sinn.
Wozu?
Zur Ruh.
Warum?
Bin stumm.

3.

Tag und Nacht

Die Nacht ist wie ein Mönch,
Sie trägt ein braun Gewand.
Der Tag ist wie ein Mensch,
Hat Lilien in der Hand.

Die Nacht ist dunkel ganz
Und stummer als ein Grab.
Der Tag: Gefunkel ganz,
Gelächter, Klang und Tanz.

Prolog zu einem Schauspiel

Ich neige mich vor aller Bühnen Auditorien:
Es ist so schwer, ein Mensch zu sein.
Selbst in der Heiligkeit ersehnter Glorien
Fühlt schmerzlich sich der Einzelne allein.

Die Einsamkeit beschattet seine Seele;
Sie lässt erzittern seines Herzens Schlag.
Und selbst der Sang der süssen Philomele
Verdunkelt nur den überwölkten Tag.

Da hebt am Abend leicht vor einem jeden
Der Vorhang sich zu einer innern Welt.
Es gleitet puppenspielerisch an Fäden
Der Hass, der Hohn, die Liebe und das Geld.

Gestaltung wird die lächelnde Gebärde,
Zur Totenbahre neigt sich die Monstranz.
Und die gelobte, die geliebte Erde
Bevölkert sich mit Rausch und Traum und Tanz.

Wie dunkler Wein ist Wahrheit zu geniessen;
Die Wirklichkeit ist leerer Winde Schall.
Die Tränen, die aus unsern Augen fliessen,
Empfangt sie in des Herzens Blutkristall!

Das Lachen, das in eure Ohren töne,
Es fiel vom Himmel; ein metallner Stern.
Und es verkläre klingend, es verschöne
Die edlen Damen und die stolzen Herrn.

So klug ist keiner, dass ihn Liebe schände.
So schön ist niemand, dass ihn Schmerz entehrt.
Es zeigt der Bühne buntestes Gelände
Den Götterjüngling mit dem Rosenschwert.

Es hebe seinen Stab nun der Ephebe
Und rühre euer Herz zum frommen Schaun.
Ein jeder ahne freundlich, dass er lebe,
Und ihn beglücke Nymphe, Gott und Faun.

Es sinken eines trüben Tages Dünste,
Wie eine Blume blüht Gemeinsamkeit,
Umarmt euch angesichts der goldnen Künste
Und fühlt beseligt, dass ihr Brüder seid.

Coelius

1.

Wer wird einst deinen süssen Namen wissen,
Wenn nicht mein Wille ihn in Wort geprägt?
Wenn ich ihn nicht in Elfenbein gelegt
Und mit dem Schattenspiel des Ruhms umrissen?

Einst wird man Wimpel auf dem »Coelius« hissen!
Und Coelius heissen Kinder, die erregt

Ein Muttertraum zu Heldentaten wägt.
Und Coelius seufzt es zwischen tausend Küssen.

Dann wirst du längst im feuchten Grabe liegen,
Wo Mohn allein die trübe Tafel weist.
Ein Vogel wird sich auf der Weide wiegen,

Von fernen Tropen zwitschernd zugereist –
Um ihn von Spatz und Nachtigall ein Reigen –
Er geistert schillernd – Geist von deinem Geist.

2.

Ich spielte kindlich in den dumpfen Mauern,
Der gaukelnde Genoss von Kröt und Wurm.
An meinen Händen tanzten Stab und Turm
Wie unsrer Dörfer trunkne Sonntagsbauern.

An allen Ecken sah ich Drachen lauern,
Bekämpfenswert wie ein Oktobersturm.
Die Kröte glotzte königlich. Der Wurm
Vermochte nur als Königssohn zu dauern.

Der Drache hob im Herbst sich in die Winde,
Der Turm ward Unterkunft der Metzgerei,
Und ein Gespenst entfuhr dem goldnen Kinde

Wie in der Mitternacht ein Katzenschrei.
Um meinen Scheitel schlang sich Rosenbinde –
Der Königsknabe freite um die Fei.

3.

Du hieltest mir als holde Amorette
Die Himmelsleiter, die ich aufwärts stieg.
Du wusstest meine Worte, als ich schwieg,
Und schmiedetest mich an die Veilchenkette.

Wie oft ging ich mit einer Frau zu Bette,
Und es erscholl Schalmei und Mondmusik.
Wie jauchzte die Geliebte: Liebster, flieg,
Flieg, in den Krallen mich, zur Sonnenstätte,

Du Adler! – Aber eine kleine Hand
Hielt mich zurück, und ich vernahm ein Flüstern:
Bleib bei den Weibern fest – auf festem Land!

Sie haben Brüste! Atmen durch die Nüstern!
Und sind dem Blute blutend zugewandt ...
Dir aber brennt ein Licht aus Himmelslüstern.

4.

Dich hat kein steifer Trunkenbold gezeugt,
Und keine Rabenmutter dich geworfen.
Du schliefst wie Kohle glühend unter Torfen.
Dich hat ein Erdenseufzer erdgebeugt.

Du warst der Rehbock, der am Teich geäugt,
Als ich dahinsank, übersät mit Schorfen,
Ein wunder Wunderlicher – mit amorphen
Gebärden meiner Kinderqual gesäugt.

Ich bin dein Vater, deine müde Mutter.
Ich trug dich siebenundzwanzig Jahr im Schoss –
So wie wohl auf der Werft ein edler Kutter

Oft Monde liegt, eh man ihn löst und gross
Entwallt er auf dem Meere wie Perlmutter –
Du Grenzenloser – lieb mich grenzenlos.

5.

Wer bist du, schöner Knabe, den beim Heuen
Die Mutter wohl von ihrer Brust verlor?
Du schreitest durch der Mittagssonne Tor,
Mit Lächeln das Lebendge zu erneuen.

Lass Mann und Jüngling sich am Bilde freuen,
Das seine starke Hand zum Heil erkor.
Schwinge im Kinderschwarm das Flötenrohr,
Mit Klängen die Genossen zu betreuen.

Ich bin dein Pferd. Du darfst auf meinem Rücken
Zu der erträumten Nacht der Nächte reiten,
In Flammenglut das schmale Holzschwert zücken!

Die ewigen Engel werden dich begleiten,
Den kleinen Kämpfer flügelnd zu beglücken,
Und ihn zum Siegesfest der Mannheit leiten.

6.

Zum letzten Male senke ich die Blicke
Zum Gruss vor einer schleierlosen Frau.
Zum letzten Male blinkt der Himmel blau;
Und um Verlornes schlingt sich Wind und Wicke.

Ich spür zwei sanfte Lippen im Genicke –
Sie schneiden heute wie mit Messern rauh.
Die Stadt im Tal erscheint im Abendtau,
Und leis am Abhang läuten Geis und Zicke.

Nun wallt die rote Dämmerung hernieder.
Die Stadt verliert die Türme in der Nacht.
In Blatt und Wolke lösen sich die Glieder.

Ich schliess die Augen, die so lang gewacht.
Ein Hund bellt an Staketen, weiss von Flieder.
Ein Stern ist über meiner Stirn entfacht.

Oden

1.

Da nun der Regen rinnt
Und die Wolken wandern,
Bin ich bei niemandem
Denn bei mir.

Kein Baum, den ich nicht bog im Frühling,
Die zarten Blüten zu betrachten.
Ach im Gehäuse des Kelches
Sass der schwarze Wurm.

Früchte sind süss dem, der sie müh-selig zog;
Am herbstlichen Spalier die goldnen Birnen!
Den Greisen wärmt ein winterlicher Herd,
Den Jüngling die heisse Brust seines Mädchens.

Geh über die Brücke, wo der Fluss rauscht.
Blicke stromauf, stromab.
Was weisst du von dir?
Algen und Wasserspinnen treiben auf den Wogen.

2.

Ich sah
Den goldnen Sperber
Aus der Sonne geschleudert
Wie Honig aus Waben.
Kleine Sonne,

Kreiste er über den Iristeichen.
Die Wellen
Tropften von seinem Glanze.
Er hielt im Schnabel
Die tönende Triangel des Frühlings.

3.

Wie lang ists her, dass ich mit dir im Grase lag.
Das geflügelte Ur-insekt schwirrte über uns.
Ich fing mit der Hand schlanke Ringelnattern
Und hing dir ein Dutzend um den nackten Leib.

In den Felsen spielte der Wind auf dem belaubten Cello.
Vom Monte Ceneri schossen die Soldaten
In die leere Luft.
Schuss auf Schuss klang zwischen unsren Küssen.

Warum nicht traf uns eine verirrte Kugel,
Ehe sich Lippe von Lippe löste?
Unser seliges Aas hätten dankbar gesegnet
Aaskäfer, Ameise, Geier und wilder Fuchs.

4.

Die Hände vor dem Antlitz
Träumt
Der Gott.
Seine Wälder sind tot,
Seine Berge in die Ebene gestürzt,

Und ohne Lieder
Fliegen die Vögel.
Seine Priester schänden
Des Sterbenden Sanftmut.
Mit eisernen Sohlen geht der Mensch
Durch die Saaten.

ER beugt seine einsame Stirn
Zum Waldteich hinab.
Die Wellen rauschen über die Runzeln
Und füllen sein leeres Aug
Mit Tränen.

5.

Ich habe das heiligste Herz verloren.
Ich habe allen Schmerz der Welt getragen.
Sechs Monate lag ich über einem Grabe
Und jaulte wie ein Hund.
Ich habe in die Sonne gebellt,
Ich habe in den Mond gebellt,
Einsamer war ich wie der Dipplodocus.
Aber nun reisst es mich empor,
Jemand biegt meinen Kopf zurück, dass meine Nackenmuskeln
  knacken,
Und ein bärtiger Mann, mit einem Ziegenfell bekleidet,
Lächelt wie der Himmel über mir,
Donnert wie der Himmel über mir:
Lebe!

6.

Es frommt
Dem Frommen,
Zu tanzen über die Erde.
Wem ein Glück glückt,
Der halt es fest.
Wie leicht verdüftet
Der firne Wein.
Ein zweites Mal
Durchs offene Abendfenster
Schwebt nicht der heilige Vogel der Nacht.
Deck zu den Wein,
Schliess zu das Fenster.

Der Wein bleibt süss,
Der Vogel bleibt dir treu.

7.

Grete G.

Nicht werde ich vergessen deine Brust,
Die tönende Ampel,
Darin dein Herz leuchtet,
Du Samtene!
Oft
Wenn ich erwache des Nachts,
Sehe ich dich wie einen silbernen Delphin
Durch die Gewässer des Dunkels schwimmen.
Oder am Tage:
Aus dem Asphalt
Blüht ein Gesträuch,
Und dein Duft
Wirft mich besinnungslos auf den Stein.

8.

Frühlingsgewölk. Die Stare
Singen schön.
Die ersten Regentropfen trillern
Am Dach.

Die Wetterfahne weht
Nach Süden.
Die kleine Wiese
Weiss viel.

Träum ich die Tanne?
Träumt die Tanne mich?
Es lebt und stirbt
Sich leicht.

9.

Und vergib mir:
Ich tat,
Was Gott allein zu tun geziemt:
Nahm deine Hand für meine,
Dein Herz für meines.
Mich verwirrte
Die schöne Nacht,
Der goldne Stern im Strauch
Und dann der namenlose Duft der Linde.
Verzeih.

10.

Wohl ziehen wilde Gänse
Über den Horizont.
Aber der Mensch bleibt
Klein im sumpfigen Kolk.
Denn seine Wimpern sind verklebt
Mit Argwohn,
Und Ikarus träumt.

Der Jäger hebt
Das tönende Rohr
Im Röhricht.
Die Triangel der wilden Gänse
Zerreisst.
Der Spitzenvogel
Klatscht
In den Sumpf,
Wo der Mensch mit der fahlen Fratze steht
Und verlegen
Vor dem brechenden Auge des Vogels
Den grünen Hut in den Fingern dreht.

11.

Eiche,
Du fassest Wurzeln
Und stehst.

Uns aber treibt
Ein Unruh
Und Verlangen
Von hier nach dort.

Mir ruft die Höhe,
Mir ruft die Tiefe,
Der Engel der Mitte
Begnadet mich nicht.

Zerrissen, zerrissen,
Ich fasse am Ende
Die knochigen Hände
Des fraulichen Tods.

Aus meinem Grabe
Die Säfte sie steigen
In deine Wurzeln,
Beständige Eiche.
So finde ich Ruhe
Und Stärke
In dir.

Die schwarze Fahne

Gruss an Gottfried Benn

1.

Bruder Mensch
Luder Mensch
Wohin
Hebst du deine Hände?
Zum Ende?
Zum Beginn?

Du weisst
Den Geist
Der ewig kreist.

Er bellt
In Welt
Und Wiese wie
Ein wunder Hund, ein wilder Wolf.
Er hängt als Segel überm Golf.

Er macht
Ohn Macht
Die ewige Nacht.
Er pflag
Ohn Plag
Der Ruh im Tag.
Er war
All Jahr.
Er wird
Dein Hirt.

Er ist
Ohn Frist

Ohn Lust und List.
Er ist die Flamme des Gerichts

Im donnernden Gesang des Lichts
Im dunklen Spiegel des Gesichts:
Das Nichts
das Nichts
das Nichts
das Nichts.

2.

Die Menschheit ist ein leeres Wort.
Mein Mensch ist viele Meilen fort.
Er liebet mich. Ich liebe ihn.
Die Wolken ziehn. Die Falter fliehn.
Ein Mond steigt unter Rosen auf.
Nie hört sein Mund zu kosen auf.

3.

Der Glaube an die Utopie
Ist eine
reine
Mimikry.
Und Mimi schrie
Des Nachts
Im Traum.
Nun lachts
Am Wiesenwickensaum,
Dort, wo du, Venus, ehern brennst:
das silberfarbene Gespenst.

4.

Heut
In der Frühe
Heulte der grosse Hund
Und
Der Himmel dampfte wie Brühe.
Geläut
Ging durch die Ähren
Ein Magd
Erbrach ein Kind.
Das klagt:
Wir wissen nicht, was wir wären
Nur:
Ruhr
Schwären
Geburt Geboren Gebären –
Was wir sind.

5.

Das Elend hat mich ganz zerfranst.
Die Irre tanzt, die Girre tanzt.
Ein kleiner Mann mit blauem Hut
Ist meiner armen Armut gut.
Er geht heraus, er geht herein.
Wind weht aus dem Zypressenhain,
Und aus der Höhe fällt der Tag.
Begreif es, wers begreifen mag.
Das Treibeis trieb. Im Blut der Trieb.
Sag:
Hast du mich noch immer lieb?
Schaumschimmerlieb –
Noch immer lieb?

6.

Zuweilen
Geht der Tod durch dich
Heimlich hindurch.
Zum Beispiel: wenn du bei einer Frau liegst.
Du ahnst es nicht
Aber sie
Verschwärmte Schwester des Schwarzen
Wird unruhig
Reisst dich rauh
An ihre zarte Brust.
Du fühlst
Vielleicht beglückt
Ein zweites Herz in der Polarnacht schlagen.

7.

Soll ich unter gehn
Will ich munter gehn,
Niemand soll mein Bruder sein.
Türe fliegt im Wind
Und ein kleines Kind
Wird bei seiner grossen Mutter sein.

Alles Leid: geschah.
Zeit: war einmal da.
Raum: zerbrach,
Und Wasser frass die Furt.
Ich bin nichts und hold
In mich eingerollt
Wart ich auf die Stunde der Geburt.

8.

Die Anarchie ist unser Glück.
Ich reiss vom Leib mir Stück für Stück.

Zuerst den Rock, danach das Hemd –
Wie war ich vor mir selber fremd.

Ich reiss die Augen aus der Stirn,
Sie sollen nicht das Licht verwirrn.

Ich zerr an Darm und Samenstrang:
Kein neuer Mensch mein Untergang.

Ich reisse mir die Haut herab,
Es fällt der Plunder von mir ab.

Ich stehe nackt vor Tod und Grab.

9.

Ich hörte wie ein Silberbart schrie:
Es lebe die heilige Demokratie.

Da trieb ein Wrack im fahlen Fluss:
Hie Spartakus.

Und eine Wolke ist verweht:
Es lebe des Kaisers Majestäs.

Da sprang mit Panthersprung zur Tribüne
Ein dürrer, ein magrer, ein hagrer Hüne.

Auf seiner Stirne lag ein Schein
Ein Veilchenschein ein Heiligenschein.

Es gibt nur
Eine wahre klare Diktatur.

Ein jeder lebt nach dem Diktat
Das der da oben
der da unten
Er legt die Lunten
Ihn lasst uns loben
gegeben hat.

Es gibt nur eine Partei:
der Sterbenden
Es gibt nur eine Partei:
der Verderbenden

Der Arges Erbenden
Weh-mut Werbenden.

Ein Schleier vor aller Blicke hing.
Sternenstille. Kein Atemzug ging.

Er hob die Hand. Die war verdorrt.
Es meldete sich niemand zum Wort.

10.

Nummer 1 trägt eine Radfahrermütze.
Nummer 2 hat die Krätze.
Nummer 3 erinnert sich an seine dritte Braut.
Nummer 4 weint.

Der Wärter rasselt mit den Schlüsseln.
Öffnet keine Pforte.
Oben im ovalen Fenster
Hängt der Himmel wie eine Scheibe Brot.

Hunger Hunger nach dem Himmel
Hunger Hunger nach der Scheibe
Brot und nach der Sonnenscheibe.

Nach dem Schreiten
weiten Schreiten
in die Weiten.
Hunger Hunger nach dem kleinsten Lächeln
Einer verfallenen Frau.

Hier ist kein Ausgang
und kein Ende.
Paragraphen
Trafen
Tödlich.
Vor den Augen saust es rötlich.
An den Mauern trommeln Stümpfe ohne Hände.

11.

In manchen Nächten tanzen die Skelette
Am Friedhof. Auf den Kreuzen sitzen Frauen
Und lassen sich von fleischlosen Kavalieren
Um die Wette
Auf Herz und Nieren
Prüfen und bis ins Innerste ihres Herzens schauen.
Da aber ist nichts als leerer Raum:
Bloss
Der Himmel hängt darin wie ein dunkelblauer Traum,
Und die Sterne wandeln zwischen den Rippen gelb und gross,
Und der Mond liegt wie ein goldener Embryo in ihrem hohlen
    Schoss.

12.

Wir wollen aus allen Fenstern schwarze Fahnen hissen.
Wer darf noch von einer Hoffnung wissen?
Uns will keine Sonne, kein Mond mehr bescheinen.
An den Strassenecken stehen Hunde, die p....,
Und Menschen, die weinen.

Und ein Hund springt auf einen andern Hund
Und Mann auf Mann: wie gleichgültig ist das alles:
Gut und böse, Nord und Süd.
Nur dass uns Erlösung für eine Sekunde blüht
Aus dem ewigen Dalles,
Dem ewigen Nichts,

Dem ewigen Ohne-Grund,
Dem Dunkel des Lichts.

Wen erpichts,
Hinter den Vorhang zu schauen,
Wo die fahrigen Mimen sich abschminken,
Alte Mädchen mit verrosteten Haarnadeln ihre Kahlköpfe krauen,
Der Bariton und die Souffleuse sich in die Arme sinken?
Wo es die Naive dem Helden zärtlich mit dem Munde macht?
Gute Nacht!

13.

Nächtliches Fieber

Ich huste durch die Nächte hohl und heiss.
Die Stunde klingt. Es glänzt der Schweiss.

Ich bin durch seltne Hässlichkeit verschönt.
Ein Kabarett entfaltet sich und tönt.

Im Kahne schaukelt sich mein Kahlkopf kess.
Wenn mich ein Mädchen sähe, weinte es.

Mein Auge brennt. Die Arme flügeln leis.
In meinem Schnabel hängt ein Ölbaumreis.

14.

Ironische Landschaft

Die schwarzen Augen dieser Frühlingsnacht –
Mir ist, als ob ich dort ein blondes Reh seh.
Der Mond hängt eine Mandel gelb und kracht.
Es riecht die Luft wie scharfer Chesterkäse.

Ich türme wie ein Kirchturm übers Feld.
Mir wird vor meinen eignen Füssen graulich.
Nun stehe ich, vom hohen Licht erhellt.
Und eine Hand erhebt sich weiss und fraulich.

15.

Ach Gott, wir sind ja ganz und gar, vertattert,
Der eine Abend ist dem andern gleich.
Und jedes Auto rattert
Uns in dasselbe Himmelreich.

Da gehen Mädchen auf rasiertem Rasen,
Da steht wohl eine Bank, man setzt sich hin.
Die Militärmusiker blasen
Mir jene Stelle, wo ich sterblich bin.

Was weiss ich denn, als dass ich Kinder kriege,
Bald hier, bald da, wie es der Zufall will?
Es knarrt noch jede Stiege
Das nämlich dämliche Idyll.

Bei manchen Eltern setzt es fröhlich Hiebe,
Geht ihre kleine Dirne auf den Kies.
Was nützt es, wenn ich tausend Frauen liebe,
Und meiner Mutter Schoss mich von sich stiess …?

16.

Früh um vier auf dem Nachhauseweg

Ich springe aus einem fremden Bett
Der Schweinebraten heute war ziemlich fett
Es rumort im Darm
Ich muss gehn
Ich glaube ich hielt den Mond im Arm
Er zelebrierte eine Hyazinthe im Maul
Bleib doch noch, Paul –
Auf Wiedersehn.

Was soll werden?
Weisst du das?
Friede auf Erden
Glück und Glas
Die letzte Untergrundbahn hab ich versäumt
Eine Autohaltestelle ist auch nicht in der Nähe
Auf der Nürnbergerstrasse wandeln zwei Rehe
Eine Droschke träumt
Von sich
Sie fuhr übern Strich
Dann untern Strich
Kobolz
Ins Feuilleton
Bon
Das Pferd ist aus Holz
Der Mann aus Stein
Bald wird es morgen sein.

Olga
Und Wolga
Reimt sich
Erster Kuss
Letzter Kuss
Ebenfalls.

Man brach in der Loge zu den drei Weltkugeln einigen Flaschen
    den Hals
Und einer Dame im Nerz
Das Gipsherz
(Gegen Blut empfand sie ein gewisses Odium)
Ich rezitierte auf einem Podium
Auf dem eine Guillotine stand:
Was ist des Deutschen Vaterland?
Aus einer benachbarten Kaschemme
Holte der Meister vom Stuhl mir persönlich eine Bemme.
Da sage einer noch, dass der Bürger seine Dichter hungern lässt
Es war ein phänomenales Fest.

Man hat mir am Wittenbergplatz
Meinen Wintermantel gestohlen (Applaus)
Dazu einen Kinderlatz

Und meine Brille.
Was immer geschieht: es geschieht Gottes Wille.
Durch meine Brille sieht die Welt wie ein frisch gebornes Ferkel
    so rosig aus.

Der ersten Strassenbahn Gebimmel.
Der Himmel
Glänzt wie ein Rasierspiegel
Herrgott hab ich Stoppeln am Kinn
Und wie widerlich ich im grossen ganzen bin
Selbsterkenntnis ist der erste Schritt –
Na Kleener, kommste mit?
Die Sterne fallen wie Schnee
Der Stern dort mein Herz zuckt rötlich
Und jener: mein Nabel?
Fabel-
haft – oder ists die grosse Zeh?
Ich langweile mich tödlich
Getreu bis zum Grab
Schieb ab, kleine Dirne,
Es leuchten die Firne

Schieb ab, schieb ab –
Die Kinder wie Ratten in den feuchten Kellern krepieren
Die Mütter in ihren dünnen Hemden frieren
Keine Kohle
Kein Brot
Keine Sohle
Kein Tod

Ein halbes Leben
Ein halbes Sterben
Gott im Himmel ich kann nicht vergeben –
Rachitische Braut
Aus deiner ledernen Haut
Wollen wir dir deine Hochzeitsschuhe gerben
Denn deine letzten Pantinen
Hat dir mit heitersten Mienen
Dein zweiter Kerl geklaut.

Es ist scheusslich kalt
In der Passage ist eine alte Frau erfroren
Sie hat auf die Steinfliesen ein blindes Kind geboren
Die Sitte nahm es mit: Kleines Biest
Sei froh dass du die Friedrichstrasse nicht siehst
Wie ein Vogel hat sich das Kind an den Schutzmann gekrallt
Aber der liebe Gott geht in einem angewärmten Schafpelz durch den Wald.
Er ist der liebe gute alte Mann
Dem man nicht böse werden kann
Er kommt wie der lahme
Revierförster angesackt
Achtung: Grossaufnahme
Letzter Akt
Monumentalfilm: Die Schöpfung (Die Schröpfung)
Titel: Gelobt sei dein Namen
In Ewigkeit Amen.

Epilog

An Irene

Ich habe Blatt um Blatt gewendet.
Das Buch ist leer. Und leer mein Blick.
Ist jener Vogel mir gesendet?
Und jene Knospe mein Geschick?

Hier bist du durch den Kies gegangen
Hier hing dein Lächeln im Gewölk.
Hier spieltest du mit Kindern Fangen.
Die Kühe kamen mit Gebölk

Und sahen dich mit den Pupillen
Verehrend an wie Gott und Tier.
Und auf dem Flusse dort die Zillen
Empfingen ihren Kurs von dir.

Der Mond strahlt hell, als strahle Hass er,
Und alles fliesst durch mich hindurch,
Als sei ein Glas ich oder Wasser,
Durchzuckt von Schleie, Frosch und Lurch.

Sie sind einander wohl wie Schwestern.
Wie Brüder sind sich Hund und Hain.
Ich aber geh als ewiges Gestern
Ins Übermorgen dunkel ein.

Die Harfenjule

Die Harfenjule

Emsig dreht sich meine Spule,
Immer zur Musik bereit,
Denn ich bin die Harfenjule,
Schon seit meiner Kinderzeit.

Niemand schlägt wie ich die Saiten,
Niemand hat wie ich Gewalt.
Selbst die wilden Tiere schreiten
Sanft wie Lämmer durch den Wald.

Und ich schlage meine Harfe,
Wo und wie es immer sei,
Zum Familienbedarfe,
Kindstauf' oder Rauferei.

Reich mir einer eine Halbe
Oder einen Groschen nur,
Als des Sommers letzte Schwalbe
Schwebe ich durch die Natur.

Und so dreht sich meine Spule,
Tief vom Innersten bewegt,
Bis die alte Harfenjule
Einst im Himmel Harfe schlägt.

Deutsches Volkslied

Es braust ein Ruf wie Donnerhall,
Daß ich so traurig bin.
Und Friede, Friede überall,
Das kommt mir nicht aus dem Sinn.

Kaiser Rotbart im Kyffhäuser saß
An der Wand entlang, an der Wand.

Wer nie sein Brot mit Tränen aß,
Bist du, mein Bayernland!

Wer reitet so spät durch Nacht und Wind?
Ich rate dir gut, mein Sohn!
Urahne, Großmutter, Mutter und Kind
Vom Roßbachbataillon.

O selig, o selig, ein Kind noch zu sein,
Von der Wiege bis zur Bahr'!
Mariechen saß auf einem Stein,
Sie kämmte ihr goldenes Haar.

Sie kämmt's mit goldnem Kamme,
Wie Zieten aus dem Busch.
Sonne, du klagende Flamme:
Husch! Husch!

Der liebe Gott geht durch den Wald,
Von der Etsch bis an den Belt,
Daß lustig es zum Himmel schallt:
Fahr' wohl, du schöne Welt!

Der schnellste Reiter ist der Tod,
Mit Juppheidi und Juppheida.
Stolz weht die Flagge schwarzweißrot.
Hurra, Germania!

Der geistige Arbeiter in der Inflation

Wer nur den lieben Gott läßt walten –
Ich arbeite an einer Monographie über die römischen Laren.
Am Tage liege ich im Bett, um Kohlen zu sparen.
Ich werde ein Honorar von drei Mark erhalten.
Drei Mark! Das schwellt meine Hühnerbrust wie ein Segel.
Ein kleines Vermögen. Ich werde es in einem Taschentuch anlegen.

Wie ich es früher trug und wie die reichen Leute es heute noch tragen.
Um vorwärts zu kommen, muß man eben mal leichtsinnig sein und was wagen.

Ein Jahr schon schneuze ich mich in die Hände,
Nun führt der Allerbarmer noch alles zum guten Ende.
Abends, wenn die Sterne und elektrischen Lichter erwachen,
Da besteige ich des Glückes goldnen Nachen.

Ich stehe am Anhalter Bahnhof. Ergebenster Diener!
Ich biete Delikateßbockwurst feil und die ff. heißen Wiener.
Manchmal hab' ich einen Reingewinn von einer halben Mark.
Ich lege das Geld auf die hohe Kante. Ich spare für meinen Sarg.

Ein eigener Sarg, das ist mein Stolz
Aus Eschen- oder Eichenholz,
Aus deutscher Eiche. Das Vaterland
Reichte mir hilfreich stets die Vaterhand.
Begrabt mich in deutschem Holz, in deutscher Erde, im deutschen Wald.
Aber bald!
Wie schläft sich's sanft, wie ruht sich's gut,
Erlöst von Schwindsucht und Skorbut.
Herrgott im Himmel, erwache ich zu neuem Leben noch einmal auf Erden:
Laß mich Devisenhändler, Diamantenschleifer oder Kanalreiniger werden!

Berliner Mittelstandsbegräbnis

In einer Margarinekiste habe ich sie begraben.
Ein Leihsarg war nicht mehr zu haben.
Die Kosten für einen Begräbnisplatz konnt ich nicht erschwingen:
Ich mußte die Margarinekiste mit der teueren Entschlafenen

auf einem Handwagen in die Laubenkolonie
am schlesischen Bahnhof bringen.

Dort habe ich sie in stockfinsterer Nacht
Unter Kohlrüben zur ewigen Ruhe gebracht.
Aber im Frühling werden aus der Erde Kohlrüben,

die sie mit ihrem Leibe gedüngt,
zum himmlischen Lichte sprießen,

Und der Hilfsweichensteller Kraschunke wird sie zum Nachtmahl genießen.
Während sie noch in der Pfanne (in Margarine-Ersatz) schmoren und braten,
Bemerkt Frau Kraschunke erfreut: »Die Kohlrüben sind dieses Jahr

aber ungewöhnlich groß geraten ...«

In der Stadtbahn

Ein feiles Mädchen, schön und aufgetakelt,
Ihr gegenüber, grün und unbemakelt,
Ein Jüngling, dessen Hände sanft behüten
Zwei Veilchensträußchen in den Seidendüten.
Sie sieht ihn an. Er lächelt traurig blöde:
Mein Gott, wie wird das heute wieder öde
Bei Tante Linchen, die Geburtstag feiert. –

Die Dame hat sich nunmehr ganz entschleiert.
Da ist er hingerissen, starrt ein Weilchen,
Und reicht ihr wortlos alle seine Veilchen.
Nun hat er nichts, für Tante kein Präsent ...
Er wundert sich – das schöne Fräulein flennt:
Und ihre blassen Tränen auf die blauen
Märzveilchen wie Gelübde niedertauen.

Berliner in Italien

Die ganze Welt ist voll von Berlinern.
Deutschland, Deutschland überall in der Welt.
Ich sah sie auf der Promenade in Nervi sich gegenseitig bedienern,
Und sie waren als Statisten beim Empfang des italienischen Königs

in Mailand aufgestellt.

Da konnten sie einmal wieder aus vollem Herzen Hurra schreien.
So 'n König, und sei er noch so klein, is doch janz was anderes

als so 'ne miekrige Republik.

In Bellaggio wandeln sie unter Palmen und Zypressen zu zweien,
Und aus dem Grandhotel tönt (fabelhaft echt Italienisch;

Pensionspreis täglich 200 Lire) die Jazzmusik.

Wie hübsch in Bologna die Jungens mit den schwarzen
    Mussolinhemden!
Wie malerisch die Bettler am Kirchentor!
Die und die Flöhe finden einen Fremden
Aus hunderttausend Eingebornen hervor.

In Genua am Hafen aus engen mit Wäsche verhangenen Gassen
    winken
Schwarzäugige Mädchen und sind bereit,
Gegen entsprechendes Honorar sich abzuschminken.
O du fröhliche, o du selige Frühlingszeit.

Dagegen das Kolosseum, die ollen Klamotten, die verstaubten
    Geschichten,
Das haben wir zu Hause auf halb bebautem Gelände auch, nu
    jewiß.
Den schiefen Turm von Pisa sollten sie mal jrade richten.
Mussolini hat dazu den nötigen Schmiß.

Über diesem Lande schweben egal weg die Musen,
Man sehe sich die Brera und die Uffizien an.
Die mageren Weiber von Botticelli kann ich nich verknusen,
Aber Rubens, des is mein Mann.

Wohin man sieht, spuckt einer oder verrichtet sonst eine Notdurft:

es ist ein echt volkstümliches Treiben.

Prächtig dies Monument Vittorio Emmanueles in Rom:
    goldbronziert

und die Säulenhalle aus weißem Gips.

Dafür kann mir das ganze Forum jestohlen bleiben.
Ich bin modern. A proposito: haben Sie für Karlshorst sichere Tips?

Die Ballade von den Hofsängern

Wir ziehen dahin von Hof zu Hof.
Arbeiten? Mensch, wir sind doch nicht dof.
Wir singen nicht schön, aber wir singen laut,
Daß das Eis in den Dienstmädchenherzen taut.

Jawoll.

Wir haben nur lausige Fetzen an,
Damit unser Elend man sehen kann.
Der hat keine Jacke und der kein Hemd,
Und dem sind Stiefel und Strümpfe fremd.

Jawoll.

Wir kriegen Kleider und Stullen viel,
Die verkaufen wir abends im Asyl.
Ein Schneider lud mitleidig uns zu sich ein,
Da schlugen wir ihm den Schädel ein.

Jawoll.

Wir singen das Lied vom guten Mond
Und sind katholisch, wenn es sich lohnt,
Auch singen wir völkisch voll und ganz
Für'n Sechser Heil dir im Siegerkranz.

Jawoll.

Unger, Boeger, Ransick, so heißen wir.
Auf die Gerechtigkeit sch... wir.
Mal muß ja ein jeder in die Gruft
Und wir, wir baumeln mal in der Luft.

Jawoll.

Baumblüte in Werder

Tante Klara ist schon um ein Uhr mittags besinnungslos betrunken.
Ihr Satinkleid ist geplatzt. Sie sitzt im märkischen Sand und
    schluchzt.
Der Johannisbeerwein hat's in sich. Alles jubelt und juchzt
Und schwankt wie auf der Havel die weißen Dschunken.

Waldteufel knarren, und Mädchenaugen glühn.
Mutta, Mutta kiek ma die Boomblüte.
Ach du liebe Güte –
Die Blüten sind alle erfroren. Ein einsamer Kirschbaum versucht
    zu blühn.

Eisige Winde wehn. In den Kuten balgt und sielt
Sich ein Kinderhaufen. Der Lenz ist da: ertönt es von Seele zu
    Seele.
Ein schon melierter Herr berappt für seine Tele,
Die ein Kinderbein für ein Britzer Knoblinchen hielt.

Vater spielt auf der Bismarckhöhe mit sich selber Skat und haut
Alle Trümpfe auf den Tisch, unbeirrt um das Wogen und Treiben
der Menge.
Braut und Bräutigam verlieren sich im Gedränge,
Ach, wie mancher erwacht am nächsten Morgen

mit einer ihm bis dato unbekannten Braut.

Mutter Natur, wie groß ist deiner Erfindungen Pracht!
Vor lauter Staub sieht man die Erde nicht.
Tief geladen, mit Klumpen von Menschen beladen, sticht
Ein Haveldampfer in See. Schon dämmert es. Über den Föhren
erscheint

die sternklare, himmlische, die schweigsame Nacht.

Grabinschriften

Der Pferdedieb

Hier ruht der ehrenwerte General Don Ferdinando D'Or.
(Er bekleidete nämlich diese Charge im Staate Ecuador.)
Seine Brust war bedeckt mit Ehrenzeichen und Symbolen.
(Die er auf zahlreichen Fahrten sich zusammengestohlen.)
Erschüttert steht ganz Ecuador an seiner Bahre.
Er starb glorreich im dreiundfünfzigsten Jahre.
In offener Feldschlacht (infolge eines Rückenschusses) mußt er ins
Jenseits wandern,
(Weil er sein eigenes Pferd verwechselte mit einem andern.)

Pierrot

Hier ruht Pierrot, der leichte Schwerenöter.
Ach, er ist tot! Der Himmel, böt er
Auch alles auf, ihn wiederzuerwecken:
Er bliebe doch bei *einem* Herzen stecken.
Doch weit in *tausend* Frauenherzen verstreute Pierrot sein Leben.

Es hat in seiner Brust tausend Herzen gegeben.
Und ob auch manche Frau ihr Herz als Sühne bot:
Pierrot ist tot, ganz tot, er ist entsetzlich tot.

Die Jungfrau

Hier ruht die Jungfrau Emma Puck aus Hinterstallupeinen,
Eine Mutter hatte sie eine, einen Vater hatte sie keinen.
In Unschuld erwuchs sie auf dem Land wie eine Lilie.
Da kam sie in die Stadt zu einer Rechnungsratsfamilie.
Hier hat sich erst ihr wahres Herz gezeigt,
Indem sie gar nicht mehr zur Jungfrau hingeneigt.
Bald kam das erste Kind. Was half da alles Greinen!
Männer hatte sie viel, aber einen Mann hatte sie keinen.

Zu Amsterdam

Zu Amsterdam bin ich geboren,
Meine Mutter war ein Mädchen ums Geld.
Mein Vater hat ihr die Ehe geschworen,
War aber weit gefehlt.

In einer dunklen Gasse,
Sah ich zum erstenmal das Sonnenlicht.
Ich wollte es mit meinen Händen fassen,
Und konnt' es aber nicht.

Ein junger Mann kam eines Tages,
Und küßte mich und rief mich seinen Schatz.
Sie legten bald ihn in den Schragen,
Ein anderer nahm seinen Platz.

Wir sind im Frühling durch den Wald gegangen
Und sahen Hirsch und Reh.
Die Bäume blühten und die Vögel sangen,
Vierblättrig stand der Klee.

Ein jeder hat mir Treu' in Ewigkeit geschworen,
War aber weit gefehlt.
Zu Amsterdam hab' ich mein' Ehr' verloren,
Ich bin ein Mädchen um's Geld.

Die Wirtschafterin

Drei Wochen hinter Pfingsten,
Da traf ich einen Mann,
Der nahm mich ohne den geringsten
Einwand als Wirtschafterin an.

Ich hab' ihm die Suppe versalzen
Und auch die Sommerzeit,
Er nannte mich süße Puppe
Und strich mir ums Unterkleid.

Ich hab' ihm silberne Löffel gestohlen
Und auch Bargeld nebenbei.
Ich heizte ihm statt mit Kohlen
Mit leeren Versprechungen ein.

Ich habe ihn angesch...
So kurz wie lang, so hoch wie breit.
Er hat mich hinausgeschmissen;
Es war eine wundervolle Zeit ...

Drei wilde Gänse

(Volkslied)

Drei wilde Gänse, die flogen über See.
Da schoß der Jäger alle drei,
Und was einmal ins Wasser fiel,
Kommt nimmer in die Höh'.

Drei junge Mädels, die führte ein Kavalier aus,
Und wenn erst ein Mädel mal Sekt genascht,
Liebe genascht, Hiebe genascht –
Die kommt nicht mehr nach Haus.

Und ich pfeife auf meine Jungfernschaft,
Und ich pfeife auf mein Leben.
Der Kerl, der sie mir genommen hat,
Um eins und um zwei und um drei bei der Nacht,
Der kann sie mir nimmer geben.

Geh, schenk mir doch 'n Fuffzger,
Geh, schenk mir doch 'ne Mark.
Ich will mich mit Schnaps besaufen,
Ich will mir eine Villa kaufen
Oder einen Sarg ...

In Lichterfelde Ost

Ich hab' einmal ein Mädel gehabt
In Lichterfelde Ost.
Das war wie Frau Venus selber begabt.
Sie hat mich mit Lust und Liebe gelabt
In Lichterfelde Ost.

Sie hatte das schönste schlankeste Bein
In Lichterfelde Ost.
Und wollt' ich besonders zärtlich sein,
So schlug ich ihr eins in die Fresse hinein
In Lichterfelde Ost.

Da kam ein feiner Kavalier
In Lichterfelde Ost.
Sie wurde sein Glück, sein Stück, sein Tier,
Sie sank mit ihm und er mit ihr
In Lichterfelde Ost.

Man brachte sie in das Krankenhaus
In Lichterfelde Ost.
Und als sie nach Monaten kam heraus:
Sie sah wie der Tod von Basel aus
In Lichterfelde Ost.

Jetzt bietet Papierblumen sie feil – noch knapp
In Lichterfelde Ost.
Zuweilen kauf' ich ihr welche ab.
Die leg' ich ihr übers Jahr aufs Grab
In Lichterfelde Ost.

Im Obdachlosenasyl

Ich war'n junges Ding,
Man immer frisch und flink,
Da kam von Borsig einer,
Der hatte Zaster und Grips.
So hübsch wie er war keiner
Mit seinem roten Schlips.
Er kaufte mir 'nen neuen Hut,
Wer weiß, wie Liebe tut.
Berlin, o wie süß
Ist dein Paradies.
Unsere Vaterstadt
Schneidige Mädchen hat.
Schwamm drüber. Tralala.

Ich immer mit'n mit.
Da ging der Kerl verschütt.
Als ich im achten schwanger,
Des Nachts bei Wind und Sturm,
Schleppt ich mich auf'n Anger,
Vergrub das arme Wurm.
Es schrie mein Herz, es brannte mein Blut,
Wer weiß, wie Liebe tut.
Berlin, o wie süß

Ist dein Paradies,
Unsere Vaterstadt
Schneidige Mädchen hat,
Schwamm drüber. Tralala.

Jetzt schieb ich auf'n Strich.
Ich hab' nen Ludewich.
In einem grünen Wagen
Des Nachts um halber zwee,
Da ha'm sie mich gefahren
In die Charité.
Verwest mein Herz, verfault mein Blut,
Wer weiß, wie Liebe tut.
Berlin, o wie süß
Ist dein Paradies.
Unsere Vaterstadt
Schneidige Mädchen hat,
Schwamm drüber. Tralala.

Krank bin ich allemal.
Es ist mir allens ejal.
Der Weinstock, der trägt Reben,
Und kommt 'n junger Mann,
Ich schenk' ihm was für's Leben,
Daß er an mich denken kann.
Quecksilber und Absud,
Wer weiß, wie Liebe tut.
Berlin, o wie süß
Ist dein Paradies.
Unsere Vaterstadt
Schneidige Mädchen hat.
Schwamm drüber. Tralala.

Er hat als Jöhr

Er hat als Jöhr von fuffzehn Jahren
Mir einst am Wedding uffjetan.
Wir sind nach Köpenick jefahren
Und sahen die Natur uns an.
Ick zog mir aus die rote Jacke.
Er hat für mich det Bier berappt,
Doch nach neun Monaten, au Backe,
Es hat jeschnappt, es hat jeschnappt.

Mein Emil is ne kesse Nummer,
Er hat schon manchen abgekehlt,
Doch fürcht' er sich vor jedem Brummer,
So jut is er, so zart beseelt.
Mir is weiß Gott schon allens piepe,
Ick lag bei ihm im Bett – da trappt
Es uff der Treppe ... der Polype ...
Es hat jeschnappt, es hat jeschnappt ...

Im Hof der ollen Zuchthausschenke
Steht blutbespritzt ein Podium,
Der dove Pastor macht Menkenke,
Man sieht sich noch im Kreise um.
Im Mauereck blüht blauer Flieder,
Die Zunge klebt wie angepappt,
Da saust des Henkers Beil hernieder,
Es hat jeschnappt, es hat jeschnappt ...

Ich baumle mit de Beene

Meine Mutter liegt im Bette,
Denn sie kriegt das dritte Kind;
Meine Schwester geht zur Mette,
Weil wir so katholisch sind.
Manchmal troppt mir eine Träne
Und im Herzen puppert's schwer;
Und ich baumle mit de Beene,
Mit de Beene vor mich her.

Neulich kommt ein Herr gegangen
Mit 'nem violetten Shawl,
Und er hat sich eingehangen,
Und es ging nach Jeschkenthal!
Sonntag war's. Er grinste: »Kleene,
Wa, dein Port'menée is leer?«
Und ich baumle mit de Beene,
Mit de Beene vor mich her.

Vater sitzt zum 'zigsten Male,
Wegen »Hm« in Plötzensee,
Und sein Schatz, der schimpft sich Male,
Und der Mutter tut's so weh!
Ja so gut wie der hat's Keener,
Fressen kriegt er und noch mehr,
Und er baumelt mit de Beene,
Mit de Beene vor sich her.

Manchmal in den Vollmondnächten
Is mir gar so wunderlich:
Ob sie meinen Emil brächten,
Weil er auf dem Striche strich!
Früh um dreie krähten Hähne,
Und ein Galgen ragt, und er ...,
Und er baumelt mit de Beene,
Mit de Beene vor sich her.

Meier

Ein junger Mann mit Namen Meier
Lief täglich vor ihr auf und ab.
Er gab ihr fünfundzwanzig Dreier,
Daß sie ihm ihre Liebe gab.

Sie zählte sehr besorgt die Pfennige
Und legte sie in einen Schrank.
Allein es schienen ihr zu wenige,
Sie wünschte etwas Silber mang.

Er dachte an die Ladenkasse.
Und eines Tages ward bekannt,
Daß Rosa sich betreffs befasse,
Doch Meier sich in Haft befand.

So geht es in der Welt zuweilen:
Der erste muß die Klinke zieh'n –
Der zweite soll sich nur beeilen,
Das Fräulein wartet schon auf ihn.

Berliner Ballade

Sie hing wie eine Latte
Vom Schranke steif und stumm.
Am Morgen sah's ihr Gatte,
Lief nach dem Polizeipräsidium.

»Meine Frau«, so schrie er, »ist verschieden ...«
Doch der Polizeiwachtmeister Schmidt,
Rollte blutig seine Augen:
»Wie denn, ha'm Sie den Jeburtsschein mit?«

Dieses hatte er mitnichten,
Und er setzte sich in Trab,

Spät entsann er sich der ehelichen Pflichten, –
Schnitt sie ab.

Und er legt den Strick an *seine* Kehle,
Vor dem Spiegel, peinlich und honett.
Nimmt noch einen Schluck, befiehlt Gott seine Seele –
Schwapp, schon baumelt er am Ehebett.

Liebeslied

Hui über drei Oktaven
Glissando unsre Lust.
Laß mich noch einmal schlafen
An deiner Brust.

Fern schleicht der Morgen sachte,
Kein Hahn, kein Köter kläfft.
Du brauchst doch erst um achte
Ins Geschäft.

Laß die Matratze knarren!
Nach hinten schläft der Wirt.
Wie deine Augen starren!
Dein Atem girrt!

Um deine Stirn der Morgen
Flicht einen bleichen Kranz.
Du ruhst in ihm geborgen
Als eine Heilige und Jungfrau ganz.

14

Trinklied

Ich sitze mit steifer Geste
Wie ein Assessor beim Feste.
Mein Herz schlägt hinter der Weste,
Was weiß ich.
Hielte der Kragen nicht meinen Schädel,
Er rollte in deinen Schoß, Mädel,
Und tränke Tokayer dort edel,
Was weiß ich.

In mir wogt Näh und Ferne.
Prost, goldne Brüder, ihr Sterne!
Die Schenkin aus der Taverne,
Was weiß ich,
Bringt einen vollen Humpen.
Nun sauft, ihr gottvollen Lumpen,
Und qualmt mit euren Stumpen,
Was weiß ich.

Ich streichle mit weinfeuchter Tatze
Dein zartes Fellchen, Katze,
Schon springt ein Knopf am Latze,
Was weiß ich.
Wir wollen das Fest verlassen
Und im Mondschein der alten Gassen
Uns pressen und Liebe prassen,
Was weiß ich.

Es sind so viele gegangen,
Die einst an mir gehangen,
Sie soffen mit mir und sangen,
Was weiß ich.
Und komm ich einst zu sterben,
Soll eins mir nicht verderben,
Du sollst das eine mir erben,
Das weiß ich.

Bürgerliches Weihnachtsidyll

Was bringt der Weihnachtsmann Emilien?
Ein Strauß von Rosmarin und Lilien.
Sie geht so fleißig auf den Strich.
O Tochter Zions, freue dich!

Doch sieh, was wird sie bleich wie Flieder?
Vom Himmel hoch, da komm ich nieder.
Die Mutter wandelt wie im Traum.
O Tannebaum! O Tannebaum!

O Kind, was hast du da gemacht?
Stille Nacht, heilige Nacht.
Leis hat sie ihr ins Ohr gesungen:
Mama, es ist ein Reis entsprungen!
Papa haut ihr die Fresse breit.
O du selige Weihnachtszeit!

Die heiligen drei Könige

(Bettelsingen)

Wir sind die drei Weisen aus dem Morgenland,
Die Sonne, die hat uns so schwarz gebrannt.
Unsere Haut ist schwarz, unsere Seel ist klar,
Doch unser Hemd ist besch... ganz und gar.
Kyrieeleis.

Der erste, der trägt eine lederne Hos',
Der zweite ist gar am A... bloß,
Der dritte hat einen spitzigen Hut,
Auf dem ein Stern sich drehen tut.
Kyrieeleis.

Der erste, der hat den Kopf voll Grind,
Der zweite ist ein unehlich' Kind.
Der dritte nicht Vater, nicht Mutter preist,
Ihn zeugte höchstselbst der heilige Geist.
Kyrieeleis.

Der erste hat einen Pfennig gespart,
Der zweite hat Läuse in seinem Bart,
Der dritte hat noch weniger als nichts,
Er steht im Strahl des göttlichen Lichts.
Kyrieeleis.

Wir sind die heiligen drei Könige,
Wir haben Wünsche nicht wenige.
Den ersten hungert, den zweiten dürst',
Der dritte wünscht sich gebratene Würst.
Kyrieeleis.

Ach, schenkt den armen drei Königen was.
Ein Schöpflöffel aus dem Heringsfaß –
Verschimmelt Brot, verfaulter Fisch,
Da setzen sie sich noch fröhlich zu Tisch.
Kyrieeleis.

Wir singen einen süßen Gesang
Den Weibern auf der Ofenbank.
Wir lassen an einem jeglichen Ort
Einen kleinen heiligen König zum Andenken dort.
Kyrieeleis.

Wir geben euch unseren Segen drein,
Gemischt aus Kuhdreck und Rosmarein.
Wir danken für Schnaps, wir danken für Bier.
Anders Jahr um die Zeit sind wir wieder hier.
Kyrieeleis.

Bauz

Bauz schwingt zierlich den Zylinder,
Bauz entstellt sich hiermit vor.
Bauz hat 45 Kinder
Und nen Bruch im Wasserrohr.

Bauz ist ohne alle Frage,
Bauz ist geradezu direkt,
Bauz macht jede Nacht zum Tage,
Bauz hat einen Schlauchdefekt.

Bauz ist jeder Krone Gipfel,
Bauz ist jedes Ärmels Loch,
Bauz ist auf dem I das Tipfel,
Bauz kroch, wo noch keiner kroch.

Bauz ist wiederum hingegen,
Bauz ist zwecks zu dem behuf,
Bauz ist andernteils deswegen,
Bauz ist ohne Widerruf!

Schwindsüchtige

Sie müssen ruh'n und ruh'n und wieder ruh'n,
Teils auf den patentierten Liegestühlen
Sieht man in Wolle sie und Wut sich wühlen,
Teils haben sie im Bette Kur zu tun.

Nur mittags hocken krötig sie bei Tisch
Und schlingen Speisen: fett und süß und zahlreich.
Auf einmal klingt ein Frauenlachen, qualreich,
Wie eine Aeolsharfe zauberisch.

Vielleicht, daß einer dann zum Gehn sich wendet,
– Er ist am nächsten Tage nicht mehr da –
Und seine Stumpfheit mit dem Browning endet ...

Ein andrer macht sich dick und rund und rot.
Die Ärzte wiehern stolz: Halleluja!
Er ward gesund! (und ward ein Halbidiot ...)

Der Seiltänzer

Er geht. Die schräge Stange trägt ihn linde.
Der Himmel schlägt um ihn ein Feuerrad.
Ein Lächeln fällt von einem mageren Kinde,
Und an dem Lächeln wird die Mutter satt.

Ein jeder fühlt sich über sich erhaben
Und tänzelt glücklich auf gespanntem Seil.
Die Menschen wimmeln braun wie Küchenschaben,
Und sind dem Blick der Höhe wehrlos feil.

Dort unten hockt in schmutzigen Galoschen
Das Niedere und Gemeine, und es hebt
Die Stirn zur Höhe für zwei povre Groschen,
An denen feucht der Schweiß des Werktags klebt.

Mystik

Ich gehe langsam durch die Stadt
Zum Ein- bis Zweifamilienbad.
Schon hebt sich aus der weißen Flut
Ein brauner Bauch, der trübe tut.
Der Bauch tut nichts. Je nun: ich weiß:
Die andre Seite ist der Steiß.
Ein jedes erntet hier sein Heil
Vom Gegen-Teil. Im Gegen-Teil.

Philosophie

Ein Philosoph schlug einen Kreis.
Wer weiß,
Was er damit bedachte.

Und siehe da – wie hingeschnellt
Hat sich ein zweiter zugesellt.
Da war es eine Achte.

So gehts den Philosophen meist,
Daß sie zwei nackte Nullen dreist
Zu einer Acht erheben.

Doch sehn sie das Exempel ein?
Nein!
Wo bliebe sonst ihr Leben?

Spaziergang

Über uns will es sich in den Zweigen regen,
Und ein hübscher Vogel macht sich plüsternd breit.
Wird er jetzt wohl Eier legen
Oder was ist seine Tätigkeit?

Plötzlich hat's auf der erhobenen Stirne
Irgendwie und irgendwo geklext,
Und von einem Stoff, der – hm – in keines Menschen Hirne,
Sondern (vorher) auf den Feldern wächst.

War das eines Geistes mahnend ernste Stimme?
Oder war's ein leises Scherzo nur?
Zwiegeteilt in bodenlosem Grimme
Flieht man die ungastliche Natur.

Und man fragt sich, während man so wandelt:
Ist denn das gerecht,
Daß die Kreatur derartig unanständig handelt,
Wenn verehren man und preisen möcht'?

Melancholie

Schau, den Finger in der Nase,
Oder an der Stirn,
Zeitigt manche fette Phrase
Das geölte Hirn.

Warum liebt der die Erotik?
Jener die Zigarrn?
Der die Aeropilotik?
Der den Kaiserschmarrn?

Warum geht's uns meistens dreckig?
Weshalb schreib ich dies Gedicht?
Warum ist das Zebra fleckig
Und Mariechen nicht?

Dennoch ahnt man irgendwie
Gottes Qualverwandschaft,
Trifft man unerwartet sie
Draußen in der Landschaft.

Ad notam

Nachts bis drei Uhr
Im Café wichtig tun und dösen,
Wenn ich eure Fratzen seh,
Wünsch ich mir den Bösen.

Und ihr schnüffelt
Und ihr grunzt mit gefurchten Mienen

Über eure Pseudokunst,
Die der Mond beschienen.

Doch die Kunst lebt nur besonnt,
Läßt sich nicht beriechen,
Und sie zeigt die Hinterfront
Dem Melangeniechen.

Arbeit, Arbeit, still gewagt,
Die Moral vom Liede,
Wenn sie euch auch nicht behagt:
Songez au solide!

Der Verzweifelte

1.

Noch nie hat mir der Herbst so weh getan,
Daß ich mich ohne Freundin blaß begnüge.
Am Bahnhof steh' ich oft und seh' die Züge
Einlaufen nach des Kursbuch's rotem Plan.

Hier kommt ein Zug um fünf und dort um sechs.
Der aus Polzin. Und der aus Samarkand.
So oft ich mich an eine Frau gewandt,
Entfloh sie mit dem Zeichen höchsten Schrecks.

Man wundert sich, daß ich so kopflos bin
Und daß ich ohne Beine gehen kann,
Und daß ich ohne Männlichkeit ein Mann,
Und daß ich ohne Sinnlichkeit ein Sinn.

2.

Mich liebt kein Mensch. Ich sitze hier beim Tee.
Es schmerzt das Herz, die Niere tut mir weh.
Die Mädchen, welche mich geschminkt begrüßen,
Sie sind mit großer Vorsicht zu genießen.

Sie stellen mit des Abenteurers Buntheit
Anforderung an unsre Gesundheit.
Die ist mir heilig. Etwas andres nicht.
Kein Mensch, kein Tier, kein Stern und kein Gedicht.

Wenn ich hier Verse reimend niederschreibe,
Geschieht es nur zu meinem Zeitvertreibe.
Man glaube nicht an Absicht oder Zweck.
Ich bin ein hirnlich infizierter Dreck.

Der fiel von einem Pferd, das fern enttrabt.
Ich werde weder gern noch sonst gehabt.
Man sieht durch mich hindurch. Man geht an mir vorbei.
Und niemand hört des Stummen Klageschrei.

Unglücksfall

Es stehen vor dem Hebekran
Ein kleines Kind, ein Hund, ein Mann.
Die Eisenkette rollt und rinnt,
Es staunen Mann und Hund und Kind.
Da saust sie nieder auf den Grund,
Zerschmettert Mann und Kind und Hund.
Gemäßigt naht die Polizei,
Ein Chemiker ist auch dabei,
Bis er den Totbestand befund:
Ein kleines Kind, ein Mann, ein Hund.

Der kleine Mörder

Er wußte nicht, warum er so elend war
Und warum der Himmel an jenem Abend so schwelend war.
Sein Schädeldeckel war aufgeklappt und Fliegen setzten sich auf sein rosiges Hirn
Und leckten daran. Göttliche Gedanken schienen ihn zu durchirr'n.
Wenn er das Messer nähme und sich die große Zehe abschnitt?
Oder ginge er lieber auf den Abtritt,
Und spielte mit sich, über den Abfluß geneigt?
– Da hat sich seine kleine Schwester in der Küche gezeigt.
Er hob ihr den Rock hoch und stieß ihr die große Kelle
In den Schoß, daß sie schrie. Ihn trug die Welle
Des Abendrotes durch die Wolken hin.
Er sah nichts mehr.
Er fühlte nichts mehr.
Ihn trieb die rote Flut, das rote Meer
Zu einem uferlosen Ziel.
Er fiel
Lächelnd über die kleine Leiche hin.

Der Backfisch

1.

Papa ist heute furchtbar aufgeschwemmt.
Er blinzelt müde in die Morgenzeitung.
Mama im Morgenrock und ungekämmt,
Befaßt sich mit des Kaffees Zubereitung.

Dann spricht sie: Anton! Komm! Es wird bald Zeit!
Du darfst mir das Büro nicht noch versäumen! –
Ich sitz am Tisch in meinem Rosakleid
Und will den ganzen Tag in Rosa träumen.

2.

Sie sagen in der ersten Mädchenklasse manchmal unanständige Sachen.
Ob Maria sich damit befasse?
Der Primaner Hubert hat doch Rasse.
Und sie lachen.

Und wir heben unsre Kleider, zeigen unsre hübschen Beine.
Manche möchte mit nervösen
Fingern sich zum Scherz ihr Mieder lösen ...
Und ich weine ...

Tango

Tango tönt durch Nacht und Flieder.
Ist's im Kurhaus die Kapelle?
Doch es springt mir in die Glieder,
Und ich dreh' mich schnell und schnelle.

Tango – alle Muskeln spannt er.
Urwald und Lianentriebe,
Jagd und Kampf – und wie ein Panther
Schleich ich durch die Nacht nach Liebe.

Das Wassermädel

Ich liebe ein Wassermädel vom Café Arkadia,
Bin siebzehn Jahr'
Und erstes Semester in München.
Ich kann mein Herz nicht mit Erfahrungen übertünchen,
Wenn ich den Frauen unter die Hüte sah.
Und immer, wenn sich eine mir freundlich zugewandt:
Ein Kind vor dem Christbaum oder vor den Glaskugeln im Parke
 stand.
Oder ich sah blaue Pferde, erstaunlichstes Getier.

Eine Stute mit schlanken Fohlen sprang spielerisch zu mir.
Und als das Wassermädel schlief bei mir zur Nacht –
War sie Jungfrau? Oder hatte sie sich zur Jungfrau gemacht?
Sie war mir wie ein Lächeln im Dunkel zugetan ...
Weißes Segelboot ... Südwind wehte um unsere Rahn ...
Die ewige Föhrde lag im Morgenscheine da ...
Ich liebe ein Wassermädel vom Café Arkadia.

Münchner Sonette

1. Frühschoppen im Hofbräuhause

Hier steht ein Faß – und an das Faß geschweißt,
Dem Fasse ähnlich, dick und rund gerollt:
Ein k.b. Rat ... ein Dienstmann ... und ein Bold,
Der sich (mit Gamsbart) als ein Preuß' erweist.

Derselbe überzeugt durch Witz und Geist,
Wenn er den Maßkrug im Komment erhebt
Und sich im boar'schen Dialekt bestrebt
Und seinen Radi samt dem Grünzeug speist.

Ein blütenzartbestaubter Lindenbaum
Steht zag im Duft von Bier und Rauch und Schweiß.
Ihn zieren keines Vogels holde Nester ...

Ein schönes Mädchen, ganz in Blond und Weiß,
Geht wie verlassen durch den grauen Raum.
Da sagt sie zu der schönen Linde: Schwester ...

2. Auf der Auer Dult

Hier ist viel Kram und Tand und Traum geschichtet ...
Ein alter Stich, von Staub und Rost befleckt:
Prometheus, wie er seine Fackel reckt,
Hier Dante, wie er die Comedia dichtet.

Vor einer Süßigkeitenbude schleckt
Ein kleines Mädel für ein Zehnerl Süßes.
Sie hebt den Kinderblick. O sprich und grüß es,
Eh' ihre Seele sich mit Rost befleckt ...

Laß sie um zwanzig Jahre älter sein ...
Dann hat hier auf der Dult sie ihren Stand:
Feil hält sie ihres Lebens Lug und Tand –

Und es wird eine kleine Welt her sein,
Daß du sie dunkel einst erröten machtest,
Weil ihrem Kinderlächeln du entgegenlachtest ...

Montreux

Hier sieht die Landschaft man nicht vor Hotels.
Es riecht nach Beefsteak und nach faulen Eiern.
Schloß Chillon steht betrübt auf einem Fels
Und ist berühmt durch Dichtungen von Byron.

Der Tag beginnt mit einem fetten Lunch,
Dann schiebt zum Liegestuhl man sacht den vollen
Geliebten Bauch. Und Wesen, die sich Mensch
(Mit Unrecht) nennen, hügelabwärts rollen.

Wer unter hundert Franken Rente hat,
(Pro Tag), der ist ein wüster Proletarier.
Man frißt an Hummer sich und Kaviar satt,
Und ist kein Kassenhaß von Jud' und Arier.

In tausend Meter Höhe erst ist Luft,
Dort findet man zwei ärmliche Narzissen.
Sie wachsen einer Jungfrau aus der Gruft
Und sind versehentlich nicht ausgerissen.

Theater

Wir heben unsre Beine wie an Schnüren,
Und unsre Herzen sind Papiermaché.
Woran wir auch mit unsren Worten rühren:
Sei's Lust, sei's Weh:
Gott wird uns schon das richtige Wort soufflieren.
Paß nur auf deinen Stich –
Denn im Parkett, da sitzt der Teufel,
Und ohne Zweifel,
Er amüsiert sich königlich ...

Der Romanschriftsteller

Graugelb ist sein Gesicht. Die Nase
Steigt klippenspitz empor. Die Augen liegen fleckig
Mißtrauisch von den Wimpern tief beschattet,
Geduckt zum Sprung wie Panther in der Höhlung.
Der rechte Arm mit der Zigarre steht
Steif wie ein Schwert, als wolle er damit
Sich von den andern sondern, die ihm widerwärtig
Und dennoch so sympathisch sind.
Schlägt er die Asche ab,
So fällt wie Hohn sie aufs Gespräch.
Ein kurzes »Ja«, ein scharfes »Nein«
Wirft er zuweilen in die Unterhaltung.
Mit diesem spitzen »Ja« und »Nein«
Spießt er die Leute wie auf Nadeln auf
Und nimmt sie mit nach Hause
Für seine Käfersammlung.
– – – Schlägt man das nächste Buch des Dichters auf.
O Gott! Schon ist man selber drin verzeichnet
Und wer sich in gerechter Selbsterkenntnis
Für ein libellenähnlich' Wesen hielt,
Der findet sich erstaunt als Mistbock wieder.

Der Lehrer

Meist war er klein und kroch am Boden hin
Wie eine Küchenschabe braun und eklig.
Er stak in abgeschabten Loden drin
Und stank nach Fusel und nach Schweiß unsäglich.

Doch manchmal wuchs er riesig in das Licht,
Wuchs übern Kirchturm, schattete die Erde.
Am Himmel brannte groß sein Angesicht,
Damit die Schöpfung seines Glanzes werde.

Er schlug das Aug' auf wie das Testament (mich graust,
Wenn ich dran denk'), pfiff wie im Rohr die Dommeln,
Ließ donnern, blitzte, hob die Sonnenfaust
Und ließ sie furchtbar auf uns niedertrommeln.

An die Natur

(Gedicht des Lehrers)

Natur! Natur! Du Götterwelt!
Wie bist du prächtig aufgestellt
Mit Bergen groß und Tälern klein,
Es hat wohl müssen also sein.

Und mittendrin in der Natur
Dehnt sich die grüne Wiesenflur,
Im Winter ist sie weiß beschneit,
So hat ein Jedes seine Zeit.

Auch du, auch du, o Menschenkind,
Bedenke, wie die Zeit verrinnt.
Heut rauscht sie mächtig noch daher
Und morgen sieht man sie nicht mehr.

Frisch auf, frisch auf, mit Hörnerklang
Durch das verschneite Tal entlang,
Die Glöckchen klingeln am Geläut:
Gestern war gestern, morgen wird morgen sein, heute ist heut.

Winterschlaf

Indem man sich nunmehr zum Winter wendet,
Hat es der Dichter schwer,
Der Sommer ist geendet,
Und eine Blume wächst nicht mehr.

Was soll man da besingen?
Die meisten Requisiten sind vereist.
Man muß schon in die eigene Seele dringen
– Jedoch, da haperts meist.

Man sitzt besorgt auf seinen Hintern,
Man sinnt und sitzt sich seine Hose durch,
– Da hilft das eben nichts, da muß man eben überwintern
Wie Frosch und Lurch.

Nach der Schlacht an der englischen Front

Die Totengräber haben schon
Die Schaufeln angesetzt, da naht sich holpernd
Ein Viererzug, und ihm entsteigen stolpernd
Die Reisenden der Firma Cook
And Son.

Eifrig und ernst begibt man sich ans Sammeln
Leerer Patronenhülsen oder -taschen.
Indem die steifen Missis Kognakbohnen naschen,
Hört man Verwundete nach Wasser stammeln.

Ein toter Belgier ... Man hätte beinah was verpaßt ...
Ein Fußballspieler schätzt den grünen Rasen.
Ein leiser Knall ... Trompetenblasen ...
Und ein ergrauter Lord erblaßt.

Pogrom

Am Sonntag fällt ein kleines Wort im Dom,
Am Montag rollt es wachsend durch die Gasse,
Am Dienstag spricht man schon vom Rassenhasse, Am Mittwoch
   rauscht und raschelt es: Pogrom!

Am Donnerstag weiß man es ganz bestimmt:
Die Juden sind an Rußlands Elend schuldig!
Wir waren nur bis dato zu geduldig.
(Worauf man einige Schlucke Wodka nimmt ...)

Der Freitag bringt die rituelle Leiche,
Man stößt den Juden Flüche in die Rippen
Mit festen Messern, daß sie rückwärts kippen.
Die Frauen wirft man in diverse Teiche.

Am Samstag liest man in der »guten« Presse:
Die kleine Rauferei sei schon behoben,
Man müsse Gott und die Regierung loben ...
(Denn andernfalls kriegt man eins in die Fresse.)

Der neue Rattenfänger

Und Väterchen befiehlt den weißen Schimmel
Und ruft sein Heer.
Es schreiten Popen mit Gebimmel
Vor seinem Heiligenbildnis her.

Es flammt sein Blick in Fieberröten
Vor Furcht und Qual und Hohn.

Er bläst auf zwei geborstnen Flöten
Den alten Panslawistenton.

Er lockt sein Volk zum Berg der Millionen Knochen,
Sein Kopf bebt wie ein Schädel aus dem Pelz.
Am Boden zucken abertausend Mutterherzen gramzerbrochen,
Ein Fluß von Kindertränen rauscht vom Fels.

Es schlingen dürre Arme sich wie Algen
Um Nacken ihm und Rumpf,
Und riesenhaft entsteigt ein Galgen
Dem Sumpf.

Russische Revolution

Sind arm. Sind arm.
Kommen von weit her.
Aus Vologda. Aus Tomsk.
Aus tausend Orten,
Die keinen Namen haben.
Willst du an Gott glauben?
Glaube an uns!
Willst du fröhlich sein?
Sieh uns lächeln!
Wir tragen in unseren rissigen Bauern- Arbeiterfäusten
Wie eine Vase aus dem Petersburger exotischen Museum die
    Zukunft.

Freundchen, was soll das?
Einmal müssen wir doch alle sterben.
Reg dich nicht auf.
Eine Kugel im Kopf ist immer noch besser
Als ein Loch in der Hose.
Wenn du mir hundert Kerenskirubel gibst,
Laß ich deine Leiche
An der Mauer für deine Braut photographieren.
Was meinst du?

Rußland ist groß. Rußland ist groß.
Die Sonne hängt hoch – gottverdammt –
Wer hat sie so hoch gehängt?
General Wrangel hat sie an den Galgen gebracht.

Jeden Morgen begegne ich dem großen General.
Er steht am Newski-Prospekt
Und verkauft die Prawda.
So hat er einmal uns alle verkauft:
An seine Auftraggeber.
General, Weißbart, Weißgardist:
Deine Arbeit ist keine Schande.
Und du verdienst *mehr*, als du verdienst.

Wenn du Lenin sprichst,
Blühen die Zahlen wie Blumen,
Er hat eine Stierstirn, er rennt Wände ein,
Solche aus Papiermaché,
Solche aus Zeitungsballen,
Die dicksten Lügen der Welt,
Solche aus Steinquadern.
Seine Stirn ist ein Hammer.
Die Splitter stieben.

Manchmal in einsamen Nächten,
Wenn ein Schuß tönt,
Wenn der Gebärschrei einer Frau
Die dunklen Straßen zerreißt:
Weine ich über mich, über mein Vaterland, die Welt.

Im Anfang war das Wort,
Das Wort war der Anfang.
Nunmehr heißt es: fortschreiten.
Weitergehen! Nicht stehen bleiben! Circulez!
Wie die Clowns im Zirkus, so rufe ich euch zu:
Commencez! Travaillez!
In dem Willen liegt die Tat.
Sie sei groß!

So wird am Ende wieder das Wort sein,
Das große Wort, das sie beschreibt.

Darauf kommt es an:
Sich im kleinen Kreis seines Lebens so zu bewegen,
Planetarisch zu bewegen,
Daß man in der sphärischen Ellipse läuft,
Wie die Erde um die Sonne, der Mond um die Erde.
Darauf kommt es an:
Daß Sinn und Sein,
Wort und Werk,
Tat und Traum
Unauflöslich unentkettbar eins sind.

Die Karsavina vom russischen Ballett tanzt

Ach, wenn ich Engelszungen hätt'!
Der Zar ist tot.
Es lebe sein Ballett!

Ich gäbe meiner Jahre zehn,
Hätt' ich die Pawlowa geseh'n.
(Nijinski sprach ich in der Schweiz:
Er war ein wenig blöd bereits
Und doch von stark barockem Reiz.)

Die Karsavina tanzt den Walzer von Chopin:
Glaube, liebe, hoff'!
Verzweifelt hing ihr oft am Hals er,
Der Partner namens Gawriloff.

Die Karsavina war wie Schwäne
Auf schwarzen Weihern manchmal sind.
Sie stieg wie Anadyomene
Aus Schaum und Wolken, Licht und Wind.

Sie schwebte wie ein goldner Vogel
Hoch über Busch und Baum und Kogel.
Man sah im Himmel sie vergeh'n:
So hoch, so fern, ein blasser Stern ...
(Auf Wiedersehn! Auf Wiedersehn!)

Ich hielt mich fest an meiner Lehne,
Sie floh, um auch sich selbst zu flieh'n.
Und mir ins Lid stieg eine Träne,
Und die war nicht von Glycerin.

Wer irdisch nur, kann also schweben,
So lächeln nur, wer viel erlitt.
Komm wieder, du geliebtes Leben,
Und bring' den andern Partner mit!

Lied der Zeitfreiwilligen

Ich bin ein Zeitfreiwilliger,
Und stehle dem lieben Gott die Zeit.
Es lebt sich billiger,
Wenn man: Nieder mit den verfluchten Spartakisten schreit.
Fuffzehn Märker den Tag. Daneben
Allens frei.
Es ist ein herrliches Leben.
Juchhei.

Ich verdiente mir meine Sporen
Bei Kapp.
Als dessen Sache verloren,
Zog ich ab.
Ich gehöre wieder zu den Regierungstreu'n
Und habe den Schutz der Verfassung erkoren.
Ich breche alle Eide von acht bis neun,
Die ich von sieben bis acht geschworen.

Neulich bei Mechterstädt: Pst ...
Zeigten wir's den Arbeiterlaffen.
Falls es irgendwo ruhig ist,
Muß man eben künstlich Unruhe schaffen.
Laßt die Maschinengewehre streichen!
Ins Kabuff.
Immer feste druff.
Unsre Anatomie braucht Leichen.

Vorfrühling 1923

Heute fing ich – Krieg ist Krieg – eine Maus in der Schlinge.
Frühlingswolken flattern rosig im Winde.
Emma schrieb mir von unserm gemeinsamen Kinde,
Daß es schon in die Schule ginge,
Daß – wie erhebend! – ein Einser Fritzchens Zensur im Rechnen
    ziere,
Weil er patriotisch (nebenbei gesagt: als Einziger der Klasse,
Der Idiot ...) à la hausse der Mark spekuliere ...

Heute begegnete ich den ersten Staren.
Zum erstenmal bin ich auch mit der Nord-Süd-Bahn gefahren.
Ich bildete mir ein, vom Nord- zum Südpol zu rasen.
Am Wedding sah ich Eskimos mit Tran handeln,
Pinguine durch die Chausseestraße wandeln,
Und am Halleschen Tor hörte ich die Kaurineger im Jandorfkraal

  zum Kampfe blasen.

Nur immer Mut! Die Front an der Ruhr steht fest.
Die Kohlen werden von Tag zu Tag billiger.
Die Nächte kürzer. Die Gesichter länger. Die Frauen williger.
Und wenn nicht Alles täuscht (es rüsten Russen und Polen,
Rumänen, Ungarn, Jugoslawen und Mongolen):
So wird uns spätestens mit den ersten Schoten
Der unwiderruflich letzte Krieg geboten.

Immer ran! Das darf Keiner versäumen! Rassenkampf! Klassenkampf!
Wer geht mit? (Ich passe –
Und offeriere für Kriegsberichterstatter fünftausend ungedruckte Stimmungsbilder aus dem vorletzten Weltkrieg, sofort greifbar gegen Kasse.)

Nachruf auf Cuno

Cuno steigt in die Arena.
Mensch, wie er, so kann es keena.
Cuno wird das Tau schon ziehn.
Er drehts Ding nicht –
's Dreht ihn.

Cuno stemmt mit Pappgewichten.
Cuno wird die Zwietracht schlichten.
Geht die Sache noch so schief:
Cuno ist und bleibt passiv.

Steigt der Dollar in die Puppen:
Cuno'n kann das nicht verschnuppen.
Er verschenkt zum Schleuderpreise
Pfund und Dollar scheffelweise.

Cuno, das ist unser Mann.
Cuno regt den Spartrieb an.
Jeder Arbeit wird ihr Lohn:
Eine Mark gleich 'ner Million.

Steuerstundung, Markkredite:
Alles für des Volks Elite.
Stinnes singt von steiler Höh' in den Alpen:
Safe qui peut.

Cuno pirscht auf Nietzsches Fährte:
Unterwertung aller Werte.

Cuno sagt aus Karten wahr.
Was er nicht zahlt, zahlt er bar.

Cuno spielt für uns Patience
Mit Kanonen, Gas und Tanks.
Treibts Poincaré idiotisch:
Cuno schafft es mehr auf gotisch.

Cuno ist für Alles gut,
Cuno hebt gesunknen Mut,
Senkt die Mark von Etsch bis Belt
Unter Alles in der Welt.

Steigt ins Walhall deutscher Geister
Cuno jetzt, der Währungsmeister –
Laßt's nicht zur Verzweiflung treiben:
Helfferich, er wird uns bleiben!

Regenschirmparaden

Vor unserm Feldmarschall, dem Ruppert:
Wie manches Heldenherz da puppert.
Man sieht mit Schirmen und mit Stöcken
Vorbeimarschier'n die alten Recken.

Mit achtzig und mit neunzig Jahren
Sind sie von weitem hergefahren,
Um mit den wackeligen Gliedern
Den Königsgruß steif zu erwidern.

Ach, besser wär's, ihr alten Knaben,
Ein Rückgrat überhaupt zu haben
Im Leben und daheim im Laden
Und nicht bei völkischen Paraden.

Wenn ihr im Feld spazieren tut,
Zieht ihr da euren Sonntagshut

Und reckt ihr euch aus den Gesträuchen
Vor den (zum Beispiel) Vogelscheuchen?

Der Landwirt Würstlein von Sebelsdorf

Patriotisches Gedicht

Der Landwirt Würstlein von Sebelsdorf,
Ein Mann von echtem Schrot und Schorf,
Der hat den rechten Fleck auf dem Mund,
Der lockt keinen Ofen vor den Hund.

Es fließt ein Bach durchs Bayernland,
Der Wittelsbach wird er genannt,
In seinem treuen Schoße kann
Sich bergen jedweder Untertan.

Und als das siebente Knäblein kam,
Er König Rupprecht zum Paten nahm,
Das ist ein Brauch von altem Korn,
Daran zerschellt des Feindbunds Zorn.

Trotz Gut und Blut hie schwarzweißrot,
Da hat es selbander keine Not!
Fest steht und treu der Rhein auf der Wacht.
Durch Sieg zum Tod! Durch Licht zur Nacht!

Oberammergau in Amerika

Was unsern Christus Lang betrifft,
So hatte er sich eingeschifft,
Um in atlantischen Bezirken
Für's heilige Christentum zu wirken.

In Boston war er hinterm Zaun
Wie'n Gnu für'n Dollar anzuschau'n,

Mit ihm im feschen Dirndlkleid
Maria Magdala. All right.

Es wußten Mister, Miß und Missis
Bisher von Christus nichts gewisses,
Bis salbungsvoll und blondbehaart
Er sich leibhaftig offenbart.

Er kommt aus Bayerns Urwaldwildnis,
Verkauft für zwanzig Cents sein Bildnis
Mit Palme, Kreuz und Ölbaumreis.
(In Holz geschnitzt ein höherer Preis.)

Ach, manche Miß entbrannte schon
Für ihn in großer – yes – Passion.
Barnum erblaßt vor Neid und kläfft:
Weiß Gott, sein Sohn versteht's Geschäft ...

Gang durch den herbstlichen Wald

Es kommt der Herbst. Die Luft saust kalt.
Kein lieber Gott geht durch den Wald.
Ein alter Mann von siebenzig
Sucht Feuerung für den Winter sich.

Auch unser Herz ist ausgeloht
Und etwas Feuerung täte not.
Wie runzlig blickt das ganze Land
Und riecht nach Fäulnis penetrant.

Im Sand verrinnen allgemach
Der Wittels- und der Fechenbach.
Im Moor, dort, wo man stach den Torf,
Verfällt das alte Ludendorff.

Mit Halali und mit Geheil
Nimmt an der Ebertjagd man teil.

Wer jetzt nicht liebt Sang, Weib und Wein –
Fest steht und treu der Schacht am Rhein.

Man leert die Hosentaschen aus.
Kein Rentenpfennig drin, o Graus.
Versuchs und stell' dich auf den Kopf:
Ach, kein Gedanke drin, du Tropf!

Verdreckt, verreckt, verhurt, verlumpt
– Wer, der uns noch 'nen Taler pumpt?
Es bringt der allgemeine Dalles
Noch Deutschland, Deutschland unter alles.

Du kleines Köhlermädchen, sei
Im Moose meine Herbstesfei.
Der Regen rinnt. Es weint der Wind,
Weil wir so schrecklich einsam sind.

Es kommt der Herbst. Die Luft saust kalt.
Ein Schauer streicht durch Welt und Wald.
Gib mir den Mund. Komm zu mir her.
Umarme mich. Mich friert so sehr.

Die Ballade des Vergessens

In den Lüften schreien die Geier schon,
Lüstern nach neuem Aase.
Es hebt so mancher die Leier schon
Beim freibiergefüllten Glase,
Zu schlagen siegreich den alten bösen Feind,
Tät er den Humpen pressen ...
Habt ihr die Tränen, die ihr geweint,
Vergessen, vergessen, vergessen?

Habt ihr vergessen, was man euch tat,
Des Mordes Dengeln und Mähen?
Es läßt sich bei Gott der Geschichte Rad,

Beim Teufel nicht rückwärts drehen.
Der Feldherr, der Krieg und Nerven verlor,
Er trägt noch immer die Tressen.
Seine Niederlage erstrahlt in Glor
Und Glanz: Ihr habt sie vergessen.

Vergaßt ihr die gute alte Zeit,
Die schlechteste je im Lande?
Euer Herrscher hieß Narr, seine Tochter Leid,
Die Hofherren Feigheit und Schande.
Er führte euch in den Untergang
Mit heitern Mienen, mit kessen.
Längst habt ihr's bei Wein, Weib und Gesang
Vergessen, vergessen, vergessen.

Wir haben Gott und Vaterland
Mit geifernden Mäulern geschändet,
Wir haben mit unsrer dreckigen Hand
Hemd und Meinung gewendet.
Es galt kein Wort mehr ehrlich und klar,
Nur Lügen unermessen ...
Wir hatten die Wahrheit so ganz und gar
Vergessen, vergessen, vergessen.

Millionen krepierten in diesem Krieg,
Den nur ein paar Dutzend gewannen.
Sie schlichen nach ihrem teuflischen Sieg
Mit vollen Säcken von dannen.
Im Hauptquartier bei Wein und Sekt
Tät mancher sein Liebchen pressen.
An der Front lag der Kerl, verlaust und verdreckt
Und vergessen, vergessen, vergessen.

Es blühte noch nach dem Kriege der Mord,
Es war eine Lust, zu knallen.
Es zeigte in diesem traurigen Sport
Sich Deutschland über Allen.
Ein jeder Schurke hielt Gericht,

Die Erde mit Blut zu nässen.
Deutschland, du sollst die Ermordeten nicht
Und nicht die Mörder vergessen!

O Mutter, du opfertest deinen Sohn
Armeebefehlen und Ordern.
Er wird dich einst an Gottes Thron
Stürmisch zur Rechenschaft fordern.
Dein Sohn, der im Graben, im Grabe schrie
Nach dir, von Würmern zerfressen ...
Mutter, Mutter, du solltest es nie
Vergessen, vergessen, vergessen!

Ihr heult von Kriegs- und Friedensschuld – hei:
Der Andern – Ihr wollt euch rächen:
Habt ihr den frechen Mut, euch frei
Von Schuld und Sühne zu sprechen?
Sieh deine Fratze im Spiegel hier
Von Haß und Raffgier besessen:
Du hast, war je eine Seele in dir,
Sie vergessen, vergessen, vergessen.

Einst war der Krieg noch ritterlich,
Als Friedrich die Seinen führte,
In der Faust die Fahne – nach Schweden nicht schlich
Und nicht nach Holland 'chapierte.
Einst galt noch im Kampfe Kopf gegen Kopf
Und Mann gegen Mann – indessen
Heut drückt der Chemiker auf den Knopf,
Und der Held ist vergessen, vergessen.

Der neue Krieg kommt anders daher,
Als ihr ihn euch geträumt noch.
Er kommt nicht mit Säbel und Gewehr,
Zu heldischer Geste gebäumt noch:
Er kommt mit Gift und Gasen geballt,
Gebraut in des Teufels Essen.

Ihr werdet, ihr werdet ihn nicht so bald
Vergessen, vergessen, vergessen.

Ihr Trommler, trommelt, Trompeter, blast:
Keine Parteien gibts mehr, nur noch Leichen!
Berlin, Paris und München vergast,
Darüber die Geier streichen.
Und wer die Lanze zum Himmel streckt,
Sich mit wehenden Winden zu messen –
Der ist in einer Sekunde verreckt
Und vergessen, vergessen, vergessen.

Es fiel ein Schuß. Steif sitzen und tot
Kanoniere auf der Lafette.
Es liegen die Weiber im Morgenrot,
Die Kinder krepiert im Bette.
Am Potsdamer Platz Gesang und Applaus:
Freiwillige Bayern und Hessen ...
Ein gelber Wind – das Lied ist aus
Und auf ewige Zeiten vergessen.

Ihr kämpft mit Dämonen, die keiner sieht,
Vor Bazillen gelten nicht Helden,
Es wird kein Nibelungenlied
Von eurem Untergang melden.
Zu spät ist's dann, von der Erde zu fliehn
Mit etwa himmlischen Pässen.
Gott hat euch aus seinem Munde gespien
Und vergessen, vergessen, vergessen.

Ihr hetzt zum Krieg, frischfröhlichen Krieg,
Und treibt die Toren zu Paaren.
Ihr werdet nur einen einzigen Sieg:
Den Sieg des Todes gewahren.
Die euch gerufen zur Vernunft,
Sie schmachten in den Verlässen:
Christ wird sie bei seiner Wiederkunft
Nicht vergessen, vergessen, vergessen.

Gut Holz

*Zum 37. Stiftungsfest des Verbandes
deutscher Kegelsportvereine*

Wer hat dich so hoch da droben –
Das Kegelspiel ist schon seit ewigen Zeiten eine kulturelle Macht.
Ursprünglich haben die Götter mit dem Mond nach den Sternen
    geschoben
Und erst später haben sie die Erfindung der Holzkugel gemacht.

Nämlich das kam so: Mit dem Holzkopf der Gott –
Wie hieß er doch gleich? jedenfalls wars kein christlicher –
Der heilige Geist trieb wieder einmal mit den heiligsten Dingen

seinen unwürdigen Spott,

Bezweifelte sich selbst, die unbefleckte Empfängnis – kurz und gut,
Der betreffende Gott war sprachlos und verlor seinen Kopf.
Aus Versehen schob Zeus mit ihm, und der Holzkopf erwies sich

als unverwüstlicher denn (bzw. als) der Mond.

Vom Holz zum Eisen, von der Holzkugel zur Kanonenkugel ist
    nur ein Schritt.
Und dann kam man auch von den Sternen ab und fand es netter,
Von nun an auf lebende Menschen zu schieben
(da, wie bekannt, die Götter den Menschen über alles lieben)
– Und so war der ganze Weltkrieg nur ein Preiskegeln der Götter.

Der rumänische Räuberhauptmann Terente

Ich bin Seine Majestät der Räuberhauptmann Terente
Und geruhe, im Donaudelta das Zepter eines knorrigen Eichenknüttels zu schwingen.
Ich bin der Herr der hundert Teiche
Und der Sklave der tausend Mädchen.

Eines Tages in Braila auf dem Markt
Sah ich zwei schöne Schwestern vom Erker auf mich herniederlächeln.
Eines Nachts in Braila auf dem Markt
Raubte ich sie zu ihren Geschwistern, den Wildenten, in den Donausumpf.

Ich liebe die armen Teufel, die armen Engel.
Ich habe zehn kriegsinvaliden Bettlern Leierkästen gekauft.
Sie spielen auf den Höfen in Bukarest und Konstanza
Das Lied vom Räuberhauptmann Terente.

Cojoccar und Cervusa sind Laffen gegen mich.
Man wird sie mit Recht oder Unrecht hängen.
Aber nicht hängen wird man mich, der ich hänge wild
Am Leben.

Aeroplane, kleine Kanonenboote, Maschinengewehre, Polizisten, Matrosen, Gendarmen, Soldaten sind gegen mich aufgeboten.
Ein ganzes Heer
Gegen einen.
Ich bin die Summe eurer Rechenkünste:
Ich bin euer Gesetz, das sich gegen euch wendet.
Ihr habt mich im Kriege rauben und morden gelehrt.
Ich bin euer gelehrigster Schüler, ich, Seine Majestät der Räuberhauptmann Terente.

Leiferde

Wir leben ganz im Dunkeln,
Uns blühen nicht Ranunkeln
Und Mädchen glühn uns nicht.
Wir sind von Gott verworfen
Und unter Schmutz und Schorfen
Ist unsre Brust mit Schwefel ausgepicht.

Der Rucksack, der ist leer,
Das Hirn von Plänen schwer,
Mit uns will's niemand wagen.
Wir finden Stell' und Arbeit nicht,
Der Hunger wie mit Messern sticht
Den Magen.

Wir sind dahingezogen
Durch Not und Kot und Dreck.
Der Wind hat uns verbogen,
Das Leben uns belogen,
Die Menschheit warf uns weg.

Wir wateten im Schlamm,
Wir kamen an den Damm,
Ein Zug flog hell vorüber,
Ach, niemand rief: Hol über!
Hol über!

Es tranken Kavaliere
Im Speisewagen Mumm.
Wir sind nicht einmal Tiere,
Uns wandern Herz und Niere
Ziellos im Leib herum.

Den Klotz nun auf die Schienen,
Der Qualen ists genug,
Bald kommt der nächste Zug,

Wir wollen was verdienen
– Und sei's auch nur das Hochgericht.
Wenn wir im Äther baumeln
Und zu den Sternen taumeln,
Sehn wir zum erstenmal das Licht –
Das Licht.

Abschiedsworte an einen Nordpolarfahrer

Lebe wohl, die Träne hängt am Blicke,
Welcher dich von dannen gleiten sieht.
Dir erfüllt der Horizont sich zum Geschicke,
Und der Möwenruf zum Lied.

Ewige Ewigkeiten bist du, Skage,
Die entmenschte Menschheit los.
Unser Rattennest scheint dir nur eine Sage,
Und die Zeitung dient als Brennstoff bloß.

Ach, der Nordpol ist die einzige Gegend,
Wo die Parze Friedensstoffe webt,
Wo man sich von hier nach dort bewegend
Seiner Seele schönster Regung lebt.

Weder daß man morgens zum Ersatztee
Den Ersatzgeist aufgetischt bekommt –
Nein, der Eiskaffee ist hier am Platze,
Und die kalte Schnauze ist's, die frommt.

Denn der Eisbär ist ein edler Räuber,
Und ein stummer Bruder der Pinguin.
Möwen sind die leichten Zeitvertreiber,
Und ein biedrer Freund der Schneekamin.

Kehrst nach manchen Jahren dann zurück du –
Liegt Europa brach von Menschen leer.

Bleib in deinem weißen Nordpolglück –
Du findest eine goldne Welt nicht mehr.

Sonette des Spielers

Das erste Spiel

Wir liegen in der Welt. Das erste Spiel
Treibt wohl die Mutter mit den Brüsten leis.
Dann tritt die Amme in den krausen Kreis,
Sie weiß sehr wenig und sie lehrt uns viel.

Der Bleisoldat schießt nun nach seinem Ziel.
Beim Murmelschieben winkt manch schöner Preis.
Mit Reifen rennen freut den Buben.
Sei's für sich, sei's mit dem zärtlichen Gespiel,

Dem Mädchen, dem die erste Andacht gilt.
Bald spielt sie mit dem Knaben ganz allein.
Sie schtreichelt ihn. Sie schmollt. Sie lacht. Sie schilt.

Er flieht zu Würfel, Dirnenscherz und Wein.
Sie wendet schaudernd sich von seinem Bild
Und stößt unwissend ihn in Nacht hinein.

Die Caro-Dame

Ich bin kein Mensch, aus dem man Staaten macht,
Und keiner machte jemals Staat mit mir.
Ich bin von jedem Hökerweib verlacht,
Und man rangiert mich unter Stein und Tier.

Ich bin mit keinem Elternpaar bedacht.
Ich saufe als Assessor nicht mein Bier;
Ich ruf' der Soldateska nicht: Habt Acht!
Und schlafe klein im dunkelsten Revier.

Oft aber schieß' ich strahlend wie die Blüte
Der Sonnenblume über Nacht ins Blau,
Und Sonne steht mir himmlisch im Gemüte.

Ich schlag die Volte wie sein Rad der Pfau
Und schwebe übersinnlich in die Mythe
Am Arm der engelgleichen Carofrau.

Poker (Damenvierling)

Wem je die Muse sich vervierfacht bot,
Der wandelt trunken über diese Auen.
Was dünken ihn die Haus- und Straßenfrauen,
Und was Narzissenwind im Abendrot.

Er schlägt drei Könige bedeutsam tot.
Selbst eine volle Hand darf er beschauen.
Er schüttet in den Abgrund jenen lauen
Kübel voll Jammertum und Menschennot.

Melpomene, du mit der Maske Pik,
Thalia, Sterngelächter hell im Herzen,
Du Klio, trefflich, mit dem Zeichen Sieg –

Oft stand ich sumpfversunken tief in Schmerzen,
Da winkte, daß die Seele mondwärts stieg,
Kalliope mit goldnen Hochzeitskerzen.

Bakkarat

Mir träumte einst von einer zarten Neun.
Ich hielt sie sicher gegen fünf und sieben.
Millionen waren in der Bank geblieben,
Nun durft' ich sie in alle Winde streu'n.

Ich schenkte einem Mädchen sie beim Heu'n.
Ich ließ das Gold in goldnen Sieben sieben.

Ich wagte tausend Frau'n zugleich zu lieben,
Und brauchte keinen schlimmen Schutzmann scheu'n.

Ich kaufte mir die blanken Feldherrntressen,
Die Horizonte, die mein Auge sah,
Ließ meine Verse nur in Silber pressen.

Ich badete mich in Lawendel – ah –
Und kaufte für den Rest mir das Vergessen –
Doch dich vergaß ich nimmer, Bakkarat!

Das Glück im Spiel

Wenn Gold wie reifes Korn das Schicksal mäht:
O selig durch die späte Nacht zu streichen
Und einen Hunderter der ersten reichen,
Die mir verhärmt und grau entgegenweht.

Ihr Dankesseufzer gilt mehr als Gebet.
Vor meinem Glücke muß ein jeder weichen.
Vor meinem Angesicht sind Menschen Leichen
Um die, noch lebend, Hauch des Aases steht.

Ich stolpre funkelnd weiter auf der Wacht
Zum liebsten Mädchen, das am Fenster lauscht.
Ich hör' sie huschen. Eine Lippe lacht.

Ich seh' sie hinterm Vorhang, der sich bauscht,
Ich steig' durchs Fenster, schüttle ihr die Pracht
Des Reichtums in den Schoß, der golden rauscht.

Skat

Sie hocken, ihre Socken schweißgetränkt,
Den Leib bedeckt mit braven Jägerhemden.
Sie dulden keinen zugereisten Fremden,
Und jeder Groschen wird verschämt gesenkt.

Der Blick am Blatt steil wie am Galgen hängt.
Man teilt. Ein scheuer Jude flüstert: »Wem denn?«
Ein Turnvereinler preist den Kreuzer Emden,
Indem er feurig seine Röllchen schwenkt.

Zwei Herrn erbleichen, weil sie stark verlieren
(So zwei Mark achtzig, wenn ich richtig sah.
Mir geht das Spiel beträchtlich an die Nieren,
Beziehungsweise die es spielen ...) »Tja«,
Strahlt der Herr Apotheker »Grand mit Vieren«
Und fühlt als Sohn sich der Germania.

Der Tod im Bridge

Es spielen dreie mit verdeckten Karten.
Ein dummer Vierter findet sich zumeist,
Der ihre Heuchelei als Tugend preist
Und den sie mit erhab'nen Reden narrten.

Dieweil er sinnend in den Höhen reist,
Und seine Sinne der Erfüllung harrten,
Lächeln die andern höhnisch, und sie karrten
Schutt auf sein Veilchenbeet, das Wehmut heißt.

Er nennt die Wahrheit Spiegel, Spiel und Pflicht.
Und offen will er seine Pfeile senden.
Sein Gegenspieler ist auf Mord erpicht.

Umsonst: er kann das Schicksal nicht mehr wenden.
Den andren demaskiert das Morgenlicht
Und dreizehn Trümpfe hält er schwarz in Händen.

Die Farben

Ich habe, Jahr, dein Sinnbild bald erbeutet:
Du Coeur bist Frühlingsblut – und Blütenfarbe.
Du Caro bindest Sonnenschein zur Garbe,
Du Pik bist Glocke, die zum Herbste läutet.

Wenn Hund und Mensch sich dann im Winter häutet,
Und man begreift, daß man um alles darbe:
Fühlt man in seiner Brust die alte Narbe
Und sieht das schwarze Kreuz, das Treff bedeutet.

Ein kurzer Weg vom Herz voll Lenz und Blut
Zum schwarzen Kreuze, das man ächzend schleppt.
Einst war man Kind und spielte Kindheit gut.

Nun steht auf leichter Bühne man und stept
In gelbem Frack und violettem Hut.
Man glaubt zu neppen – und man wird geneppt.

Der Kiebitz

Es geht wohl immer einer neben dir,
Er sieht dir in das aufgeschlagne Blatt,
Er läuft am Wagen als das fünfte Rad,
Und trinkt mit dir aus einem Glase Bier.

Er ist dein Schatten, und du bist sein Tier.
Was du auch schlingst, er sagt sich niemals satt.
Dein ganzes Dasein scheint ihm schal und matt
Und er verlangt *sein* Leben, ach, von dir.

Wohin du auch die müden Schritte lenkst,
Wie eine Bremse schwirrt er stets um dich.
Und was du tust und was du auch bedenkst:

Er zehrt von deinem Ansehn brüderlich.
Wenn du dich in des Todes Masse mengst:
Er bleibt am Leben: geil und lüderlich.

Das tanzende Terrarium

Grotesque sentimentale

Ich widme diese Verse
Dem großen erhabenen *Salamander*.
Das heißt: Der zwanglosen Vereinigung
Jüngerer Terrarien- und Aquarienfreunde,
Deren Mitglied ich bin als Nummer 124.

Es soll mir niemand nachsagen,
Daß ich undankbar oder vergeßlich bin.
Ich bin imstande, für meine Freunde
(Und Freundinnen) alles zu tun.

Libellula Immaculata,
Über den Teichen schwebend im Juniglanze.
Ich liebe dich unsäglich.
Komm in mein Netz!
Behutsam will ich dich fassen,
Du Goldgeflügelte,
Verweile einen Augenblick auf meiner Hand!

Blutrote Posthornschnecke,
Nimm diesen Brief und bring' ihn meinem Mädchen!
Lauf, so schnell du kannst!
Nächsten Freitag (Karfreitag) veranstaltet
(Druckfehler: verunstaltet)
Die zwanglose Vereinigung
»Groß-Berliner Aquarienfreunde«
Eine Tümpeltour nach Finkenkrug.
Man bewaffne sich
(Nicht mit Handgranaten, sondern): Netzen, Gläsern:
Das Plankton der Zeit in seine Butte zu füllen.

Mein Barsch ist immer so barsch zu mir.
Mein Schlei hat sich gesteigert und wurde zum Schleier,

43 Im Komparativ silbrig hängend um eine schöne Stirn.
Der Karpfen vertauschte seinen zweiten und dritten Buchstaben
Und man speiste ihn zur Fastnachtsbowle.
Wohl bekomm's! (Den neunstachligen Stichling
Wird man sich besser nicht in den Mund stecken.)

Der Chlysodaurus ist ein lustiger Kerl.
Den ganzen Tag tanzt er hin und her.
Er hat meiner Putzfrau schon Chlysodaurustrott beigebracht.
Wenn Sie wollen, unterrichtet er Sie gegen mäßiges Honorar
(Tausend Fliegen pro Stunde)
Im indischen Dschungeltanz (neueste Figuren).

Dorippa (was für ein süßer Mädchenname)
Lanata trägt Sommer und Winter denselben großen Muschelhut.
Es läßt sie so kalt wie Eispolarwasser,
Wenn Frau Assessor ihr begegnet, sich über die Unmodernität
Ihres Kopfschmuckes chockiert, moquiert:
Dorippchen, wie können Sie bloß! –
Dorippchen ist das ganz egal.
Bei den Krebsen wechselt die Mode bloß alle tausend Jahr.

Heute Nacht brannte es im Dorf.
Die Feuerwehr wurde alarmiert.
Ein Feuersalamander hatte sieben Scheunen angezündet.

Ein Tigerfisch sprang aus dem Teich
Und riß ein Kalb von einer Herde, die vorüberweidete.
O, wie erbleichte schier Nymphe alba, meine zarte Hirtin!

Zwei Basilisken tanzten im Abendrot.
Eine Erdkröte spielte Harmonium.
Ein paar Tritonenbengels lachten sich einen Ast,
Auf welchem eine Nachtigall saß
Und (eine Trommel) schlug.

Gordius, der gordische Knoten, zerhieb sich selbst.
Zu seiner (nicht geringen) Verwunderung bemerkte er:

Daß er ganz geheimnislos, unkompliziert,
Daß (gleichsam) er sich sinnlos, zwecklos, selbst zerspalten.

Von nun ab verschmähten die Gordii
Die rationelle Aufklärungsmethode.
Sie sagten jeglicher Wissenschaft ab
Und zerbrachen sich nicht den Kopf darüber,
Was vorn und hinten bei ihnen,
Und After und Maul, Kopf und Schwanz,
Solches war ihnen alles eins.

Der Strudelwurm hat's gut.
Wenn er heiraten will, heiratet er einfach: *Sich*.
Er verliebt sich in sich,
Er verlobt sich mit sich.
Er geht mit sich schlafen.
Wie kringelt er sich (heissa!)
In der Brautnacht, der längst erwünschten!
Nach neun Monaten teilt er sich einfach mittendurch und ist: *Zwei*.
Mutter und Kind, Vater und Kind.

Wer liefert mir kleine Regen- und Sonnenwürmer?
Meine Molche hungern.
Ich bin ein armer terrarischer Prolet.
Einen Regenwurm, meine schöne Dame, im Vorüberwandeln!
Einen Sonnenwurm, mein feiner Herr,
Für meine armen hungernden Molche.

Falls Sie eine Lanze haben, so bitte ich Sie,
Dieselbe für die Kreuzotter zu brechen!
Selbige wird noch immer sehr mißverstanden.
Sie ist ein gutartiges, sanftes, zutrauliches Haustier.
Frißt aus der Hand und ihre possierlichen Bocksprünge erheitern
    jedermann.
Sie beansprucht nichts als freundliche Behandlung,
Sieht mehr auf Anschluß ans Familienleben als gute Bezahlung.
Und ist mit Butter zum Frühstück und einem Eierkognak
Nach dem Nachtmahl *durchaus* zufrieden.

Das Meer

Ich schwelle in meiner Flut über die Erde.
Es wirft meine wilde Welle Tang an den Strand,
Muscheln, violette Quallen und kleine Seepferde.

Aber der Ekel zischt, daß ich mich gezeigt.
Ich krieche in mich zurück,
Und der Nordwind schweigt.

Ebbe ist ... Kinder gehen, sammeln, suchen
Und sehen Krabben, nasse Sterne,
Erstaunlichstes Getier.

Ich aber bin längst in der Ferne wieder bei mir.

Und was ich an den Strand warf, stirbt in der Luft
Oder in des Menschen Hand. –
Nur die Taschenkrebse graben sich
Mit ihren Scheren in den Sand.
Sechs Stunden warten sie bis zur nächsten Flut. –
Die Taschenkrebse kennen mich gut.

Die Mondsüchtige

Wandelnd auf des Daches First,
Auf der Mauer schmalem Rande,
Schreitet sie, die Hohe, Milde,
In des Mondes sanftem Licht.

Wie Musik ertönt ihr Schweben,
Ihre Füße gleiten gläsern.
Ihre Hände klingen leise,
Ihre Augen sind geschlossen.

Hinter ihr der treue Diener
Achtet ihrer Schritte, daß sie
Über einen Strahl nicht strauchle,
Sorglich hütet sie: ihr Schatten.

Gottgeheimnis, Götzenzauber,
Weiße Statue der Sehnsucht
Schreitet sie: ich streck' vergeblich
Meine Hände nach ihr aus.

O wie halt ich die Entschreitende,
O wie bann ich die Entgleitende,
Aber ruf' ich: stürzt sie nieder.
Aber schrei ich: ists ihr Tod.

Und so schreitet sie vorüber,
Ist auf ewig mir verloren.
Eine Wolke löscht den Mond aus.
Einsam stehe ich im Dunkeln.

Eifersucht

Vorzustellen: Michael Jaroschin –
Untertänigst – ist mein Name.
Wohlgeboren, Hochgeboren
Auf dem Berge Gaurisankar.
Sah von oben stets nach unten,
Von den Gletschern in die Täler,
Von den Wolken auf die Wipfel,
Von der Sonne auf die Erde.

Und so sah ich eines Tages –
Vorzustellen: Michael Jaroschin,
Sonnengott von Profession –
Sah ich eines Tages nachts
(Jaroschin scheint auch des Nachts),

Sah ich durch ein unverhangnes
Fenster ... die geliebte Frau.

Sah die liebliche, die liebe,
Sah die Liebste, die Geliebte – – –
In den Armen eines andern –
Eines höheren Beamten,
Eines niederen Charakters.

Da erbleichte selbst die Sonne,
Vorzustellen: Michael Jaroschin,
Hob den goldnen Sonnendolch und
Stieß ihn strahlend durch das Fenster,
Stieß dem Mann ihn in den Nacken,
Fuhr der Dolch da durch den Nacken
Und dem Weibe in die Brust noch:
Also lagen auf dem Diwan
Beide hingestreckt, durchbohrt
Von dem Dolch des Sonnengottes,
Vorzustellen: Michael Jaroschin.

Hütet euch, ihr ungetreuen
Weiber vor dem Sonnengotte!
Ihn betrog die Sonnenfrau,
Und sie mußte darum sterben.
Vorzustellen: Michael Jaroschin
Hält die Wacht im Irrenhause
Als ein Rächer seiner Ehre,
Rächer jeder Mannesehre.
In ihm glüht die edle Flamme,
Heilige Flamme: Eifersucht.

Weihnacht

Ich bin der Tischler Josef,
Meine Frau, die heißet Marie.
Wir finden kein' Arbeit und Herberg'
Im kalten Winter allhie.

Habens der Herr Wirt vom goldnen Stern
Nicht ein Unterkunft für mein Weib?
Einen halbeten Kreuzer zahlert ich gern,
Zu betten den schwangren Leib. –

Ich hab kein Bett für Bettelleut;
Doch scherts euch nur in den Stall.
Gevatter Ochs und Base Kuh
Werden empfangen euch wohl. –

Wir danken dem Herrn Wirt für seine Gnad
Und für die warme Stub.
Der Himmel lohns euch und unser Kind,
Seis Madel oder Bub.

Marie, Marie, was schreist du so sehr? –
Ach Josef, es sein die Wehn.
Bald wirst du den elfenbeinernen Turm,
Das süßeste Wunder sehn. –

Der Josef Hebamme und Bader war
Und hob den lieben Sohn
Aus seiner Mutter dunklem Reich
Auf seinen strohernen Thron.

Da lag er im Stroh. Die Mutter so froh
Sagt Vater Unserm den Dank.
Und Ochs und Esel und Pferd und Hund
Standen fromm dabei.

Aber die Katze sprang auf die Streu
Und wärmte zur Nacht das Kind. –
Davon die Katzen noch heutigen Tags
Maria die liebsten Tiere sind.

Ewige Ostern

Als sie warfen Gott in Banden,
Als sie ihn ans Kreuz geschlagen,
Ist der Herr nach dreien Tagen
Auferstanden.

Felder dorren. Nebel feuchten.
Wie auch hart der Winter wüte:
Einst wird wieder Blüt' bei Blüte
Leuchten.

Ganz Europa brach in Trümmer,
Und an Deutschland frißt der Geier, –
Doch der Frigga heiliger Schleier
Weht noch immer.

Leben, Liebe, Lenz und Lieder:
Mit der Erde mag's vergehen.
Auf dem nächsten Sterne sehen
Wir uns wieder.

Mond und Mädchen

Es kriecht der kahle Mond durch Zweiggeäder,
Ob wo im Haus ein Mädchen wohnt,
Ein warmes Bett, ein daunenweicher Leib,
Es wärmt zur Winternacht sich gern ein jeder ...
O Mädel, bleib, du schlanke Zeder!

Der Mond tastet am Fensterglase
Und zittert vor Begier und Frost ...
Das Mädel schlägt ihm vor der Nase
Die Läden zu und höhnt: Gib ruh!
Alten Gliedern ziemt nicht junger Most!

Er aber hat den Finger in der Fensterspalte,
Ob ihrer Kissen eine Falte er nicht erspähe,
Er ihre Blicke, braune Rehe,
Über der Brüste Sommerhügel
Zärtlich schreiten sehe.

Nacht im Coupé

Sternschnuppen in der Nebelnacht?
Die Funken der Lokomotive,
Sie haben der Seele Reisig entfacht,
Der Liebe verstaubte Briefe.

Briefe, die ich lange trug,
Sie flammten im Funkenregen.
Da war ich frei – mein Herz, es schlug
Dem Morgenrot entgegen.

Kukuli

(Für Carola Neher)

Kleiner Vogel Kukuli,
Flieh den grauen Norden, flieh,
Flieg nach Indien, nach Ägypten
Über Gräber, über Krypten,
Über Länder, über Meere,
Kleiner Vogel,
Laß die schwere Erde unter dir
Und wiege dich im Himmelsäther –
Fliege zwischen Monden, zwischen Sternen
Bis zum Sonnenthron, dem fernen,
Flieg zum Flammengott der Schmerzen
Und verbrenn' in seinem Herzen!

Als sie meine Stimme im Radio hörte

Du hörtest meine Stimme wie von fern.
Sprach ich von einem andern Stern?
Du griffst mit deinen Händen in das Leere,
Ob dort ein Leib nicht und ein Lächeln wäre.
Kein Leib. Nur Stimme. Lippe nicht. Nur Wort.
Und leise legtest du den Hörer fort.

Als sie zur Mittagszeit noch schlief

Zwar es ist schon Mittagszeit,
Sonne steht schon hell am Himmel –
In den Straßen: welch Gewimmel,
In den Herzen: welches Leid –
Manches Segel bauscht der Wind,
Mancher Kutter bleibt im Hafen –
Du sollst schlafen,
Du sollst schlafen,
Du sollst schlafen, liebes Kind.

Siebzigmal littst du Haitang,
Fünfzigmal starbst du Johanna –
Schmecktest Süßigkeit und Manna,
Wenn der Quell der Qualen sprang.
Süßes, junges Blut – es rinnt –
Küsse, Dolche flammten, trafen –
Du sollst schlafen,
Du sollst schlafen,
Du sollst schlafen, liebes Kind.

Einmal endet sich das Spiel,
Einmal endet sich das Grausen,
Und die Ewigkeit wird kühl
Dir um Brust und Schläfen sausen.
Sand deckt dich wie Wolle lind,
Und der Hirte bläst den Schafen –
Du sollst schlafen,
Du sollst schlafen,
Du sollst schlafen, liebes Kind.

Als sie die ihr geschenkte Kristallflasche in der Hand hielt

Brechen sich im Glas die Strahlen,
Bricht das Glas sich in den Strahlen?
Glänzt dein Auge in der Sonne,
Glänzt die Sonn' in deinem Auge?
Liebt dein Herz mich? Herzt mich deine
Liebe? Seliges Verdämmern:
Denn wir sterben unser Leben
Und wir leben unsren Tod.

Liebeslied

Dein Mund, der schön geschweifte,
Dein Lächeln, das mich streifte,
Dein Blick, der mich umarmte,
Dein Schoß, der mich erwarmte,
Dein Arm, der mich umschlungen,
Dein Wort, das mich umsungen,
Dein Haar, darein ich tauchte,
Dein Atem, der mich hauchte,
Dein Herz, das wilde Fohlen,
Die Seele unverhohlen,
Die Füße, welche liefen,
Als meine Lippen riefen –:
Gehört wohl mir, ist alles meins,
Wüßt' nicht, was mir das liebste wär',
Und Gäb' nicht Höll' noch Himmel her:
Eines und alles, all und eins.

Nachts

Ich bin erwacht in weißer Nacht,
Der weiße Mond, der weiße Schnee,
Und habe sacht an dich gedacht,
Du Höllenkind, du Himmelsfee.

In welchem Traum, in welchem Raum,
Schwebst du wohl jetzt, du Herzliche,
Und führst im Zaum am Erdensaum
Die Seele, ach, die schmerzliche –?

Du warst doch eben noch bei mir

Du warst doch eben noch bei mir,
Ich war doch eben noch bei dir –
Ging denn die Tür?
Sprang auf das Haus?
Und gingst du ohne Gruß hinaus?

Es ist so dunkel. Dämmert es?
Hier klopft ja was. Was hämmert es?
Klopft denn die Wand? Tropft denn die Kerz'?
Es klopft und tropft und klopft mein Herz.

Zwiegespräch

Wie kommt es, Mädchen,
Daß du deine zarten, weißen Schuhe
Beim Tanzen nie beschmutzest? –
Weil ich auf zarten, roten Herzen tanze.

Sommerelegie

Sommer. Ich bin so müde.
Alles noch braun und leer.
Förster mit Büchse und Rüde.
Jagd über Moore und Meer.

Möwen in silbernen Binsen.
Alpen gezahnt und gezackt.
Sterbende Hasen linsen
In den Mondkatarakt.

Schöner Falter im Himmel,
Sieh, mir versagt der Blick,
Deiner Flüge Gewimmel
Fällt in sich selber zurück.

Kühe, die niemand melkte,
Mit dem Euter so fahl,
Und das verwölkte, verwelkte,
Göttliche Bacchanal –

Deutschland ist untergegangen
In einem Bad von Stahl.
Heraldische Drachen und Schlangen
Beten zum biblischen Baal.

Ein blühender Weidenstengel
Erschlägt diese ganze Welt.
Schlafe, mein Stahlbadeengel,
Schlaf, Nie-gelungen-Held.

Regen

1.

Der Regen rinnt schon tausend Jahr,
Die Häuser sind voll Wasserspinnen,
Seekrebse nisten mir im Haar
Und Austern auf des Domes Zinnen.

Der Pfaff hier wurde eine Qualle,
Seepferdchen meine Nachbarin.
Der blonde Seestern streckt mir alle
Fünfhundert Fühler zärtlich hin.

Es ist so dunkel, kalt und feucht.
Das Wasser hat uns schon begraben.
Gib deinen warmen Mund – mich deucht,
Nichts bleibt uns als uns lieb zu haben.

2.

Der Regen läuft an den Häusern entlang
Wie tausend silberne Käfer.
Fahles Licht fällt kupfern in mein Zimmer.
Ein Mann mit Holzbein singt auf dem Hinterhof:
Lang, lang ist's her –

Wie währte kurz des Sommers heißes Glück.
So kurz wie zwischen Kuß und Kuß ein Hauch.
Wenn ich morgens meine Haare strähle,
Entdecke ich immer mehr weiße
Zwischen den schwarzen und grauen.
Leiser schlägt das Herz von Tag zu Tag:
Die Abendglocke hinter den Wäldern.

Wie war vergebens alles, was ich tat:
Im Traum der Nacht, im Anbeginn des Tags.

Ich traute, vertraute Gott, dem Bruder,
Der mir mein Gut stahl,
Mein Gutes und meine Güte.

Die Tenne dröhnt.
Sie dreschen volles Stroh und leere Worte.
Es riecht beim Bauern nach eingekochten Zwetschgen.
Abends nach des Tages Arbeit liest er in der Bibel:
Alles ist Liebe!
Und prügelt sein schwangeres Weib.

Der Briefbote bringt nur Verzweiflung ins Haus.
Meine alte Tante verkauft ihr letztes, ein rostiges Klavier.
Sie spielt noch einmal mit knöchrigen Fingern
Das Lied ihrer Jugend:
Lang, lang ist's her –

Die letzte Kornblume

Sie ging, den Weg zu kürzen, übers Feld.
Es war gemäht. Die Ähren eingefahren.
Die braunen Stoppeln stachen in die Luft,
Als hätte sich der Erdgott schlecht rasiert.
Sie ging und ging. Und plötzlich traf sie
Auf die letzte blaue Blume dieses Sommers.
Sie sah die Blume an. Die Blume sie. Und beide dachten
(Sofern die Menschen denken können, dachte die Blume …)
Dachten ganz das gleiche:
Du bist die letzte Blüte dieses Sommers,
Du blühst, von lauter totem Gras umgeben.
Dich hat der Sensenmann verschont,
Damit ein letzter lauer Blütenduft
Über die abgestorbene Erde wehe –
Sie bückte sich. Und brach die blaue Blume.
Sie rupfte alle Blütenblätter einzeln:
Er liebt mich – liebt mich nicht – er liebt mich … nicht. –
Die blauen Blütenfetzen flatterten

Wie Himmelsfetzen über braune Stoppeln.
Ihr Auge glänzte feucht – vom Abendtau,
Der kühl und silbern auf die Felder fiel
Wie aus des Mondes Silberhorn geschüttet.

Zeesener Dreizeiler

Der See wirft Wellen
Aber nicht aus sich
Ihn peitscht – der Wind.

Die liebliche Libelle!
Sie liebt und wird geliebt
Im Fluge.

Immergrün
Steht die Tanne.
Der Ahorn steht schon
Nimmer

Ode an Zeesen

(Für Dr. Ernst Goldschmidt)

Aus Jupiters Hand geschleudert
Donnerkeil
Im Juligewitter
Mein steinernes Herz
Du glühst nicht mehr –

Aus den Sternen gestürzt
Aus den Wolken geschüttet
Bruch
Wolkenbruch
Blitz
Donner

Aufschlagend am Feldstein
Regenbogen
Verwirrt im Dorngesträuch
Du siebenfarbener Schleier
Zerfetzt
Ihr kleinen Heckenrosen
Ihr willigen Trösterinnen
Ihr haltet das flatternde Band der Tristitia.

Verwundet
Verwundert
Erblickt
Zwischen zwei ragenden Föhren
Das graue Auge
Den goldenen Tag
Blauer See
Blauer lauer See
Mückensingsong
Linde Ufer
Und der Winde Rufer
Springen durch das Korn
Unter ihren kühlen Sohlen
Beugen die heißen Halme sich zärtlich
Richten sich zärtlich auf
Und winken
Dem so herrlich taumelnden Mittagswinde nach.

Drüben vom Jenseits
Drüben vom Jenseits des Sees
Ruft der Kuckuck
Allen Lebenden ruft der Kuckuck
Tausend lebendige Jahre zu.

Hinein mit einem Hechtsprung
Zu den Hechten und Barschen
Hinaus aus den Binsen
In die schaumige Weite
Aufscheuchend die Frösche

Welche geblähter Kehle
Die Liebe locken die Liebste locken
Voll geiler Gier
Fische selbst und faulendes Holz bespringen
Denn es rast die Liebe in den Geschöpfen
Kitty die Hündin ist läufig
Und Bodo der Hund
Jault die Tage und Nächte nach ihr
Nimmt das Fressen nicht und magert bis auf die Rippen
Auf dem Dachfirst schnäbeln die Tauben
Im Wasser
Tanzt der Gründlinge silberner Reigen
Im Schilf
Jagen und jachtern blauschillernde Libellen
Und auf den Wogen des Sees
Sieh die Taucher schlank weißlichen Halses mit gelbem Kropf
Immer zu zweit
Segeln die Liebenden
Und auf dem Rücken trägt sorglich die Mutter
Die flaumige Zukunft das krächzende Kind.

Auch wir
Mädchen
Geliebte
Frau
Mensch
Immer zu zweit zu zweit seit zweien Jahren
Schwimmen wir auf den Wassern des Lebens
Auf den Zeesener Gewässern
Dahme Middelwede und großer Peetz.

Aus dem Luch
Erhebt sich ein Wind der wie Fuchs auf der Lauer lag
Zwischen Heidelbeerkraut und Moosen
Er springt dem See in den silbernen Nacken
Daß die Gischt aufspritzt wie weißes Blut
Es wogen die Wellen
Es wogen die Binsen

Es wogen die Felder
Es wogen die Wipfel der Bäume
Wir selber treiben auf den Wellen
Wie Wasser Gras und Buchenkrone
Auf und nieder
Auf und nieder
Auf und nieder.

Zurück an den Strand
Jetzt Sonne recke den feurigen Schild
Ueber unsre dampfenden Leiber
Zu heiß du flammender Ritter trifft uns dein roter Speer
Ihr schattenden Bäume
Vom Borkenkäfer durchwandert
Vom Specht beklopft
Ihr schattet mein müdes
Im Zittergras versinkendes Haupt
Ihr fächelt mit euren grünen Armen
Mit euren blättrigen Händen
Mir Trost und Vergessen zu
Sei bedankt
Geliebtes Geschwister
Akazie
Wie gerne starb ich den Schlaf
In deinen kühlen Armen
Wie gerne will ich den Tod
Einst in deinen Armen verschlafen
Will ich in deinem feuchten Schatten
Ach noch viele Ewigkeiten verschlafen
Wenn die grelle Mittagssommersonne
Die gemähte Stoppelwiese dörrt
Und zu meinen Füßen
Dämmert verdämmert Bodo der Hund.

He Bodo
Hierher Bodo
Wolfssohn
Willst du wohl die Gänse nicht scheuchen

Die heiligen Träger des Daunenschlafes
Die gütigen Behälter des Gänsefettes
Wackelnd mit den feisten dermaleinst gebratenen Gänsekeulen.

Ganz von fern wie ferner Krieg
Rollen
Auf der Königswusterhausener Bahn die Güterzüge.

Und ich sitze nackt auf der Veranda
Wie des Sommers Gott
Sitz ich nackt und faul auf der Veranda
Violett umblühen mich Bethulien
Mich umtanzen
Dicke Fliegen Filigran von Mücken
Pfauenauge und Zitronenfalter
Und ich hock und freß wie ein Kaninchen
Frischen mildesten Salat
Kohlrabi
Auch gezuckerte Johannisbeeren
Und danach ein Glas
Erdbeerbowle
Wie ein Mensch
Wie ein Gott
Und ich sitz und schwitz und freß und sauf
Und ich denk und träume
Nichts
Träum und denk das Nichts vom Nichts des Nichtses
Bin am Ende meiner Kräfte
Und am Anfang aller Seeligkeit.

Hochbeladen mit dem gelben Korn
Schwankt der Wagen in die Scheune
Und das brave Pferd umspringen bellend
Sieben schwarz und weiße Wolleknäuel
Sieben Terrier Bosko Fatty Step
Tipsy Kitty Bill und Fap
Aus dem offenen Stall fegt eine Schwalbe
Drin im Stalle säugt die Kuh das Kälbchen.

Zwischen Bäumen
Wachsen schlanke steile dünne Eisensäulen
In den Horizont
Die Funktürme von Königswusterhausen
Hier Königswusterhausen auf Welle 1300
Achtung Achtung Achtung
Der Dichter Klabund spricht eigene Verse.

Er spricht mit abgehackter blecherner Stimme
Dieweil er im Grase liegt – Das rechte Ohr an die Erde gepreßt
Horcht er auf den Herzschlag der Erde
Und auf den Wanderschritt des Maulwurfs
Er wirft die Worte in die Luft
Wie nicht entzündete Raketen
Sie brennen nicht
Sie leuchten nicht
Sie fallen zischend ins feuchte Gras
Achtung Achtung Achtung
Hochachtung Hochachtung Hochachtung
Ganz besondre Hochachtung
Ihm lauscht kein Mensch kein Wesen kein Tier
Die Luft spielt mit den Worten wie mit Brennesselsamen
Sie weht sie da und dorthin
Einige Participia bleiben in einer Koniphere hängen
Ein strahlendes Adjektiv treibt Bauch nach oben wie ein toter Fisch
　　im See.

Aber ein liebliches Präpositum
Fiel in einen Baumritz
Einer Dryade in die Augenbrauen
Und kitzelte sie aus dem Schlaf
Zierlich trat sie aus dem dunklen Baumstamm ins grelle Licht
Und stand geblendet –
Da begannen die Grillen zu zirpen
Die Heuschrecken musikalisch ihre Hinterbeine zu reiben
Und der Jazz des Sommers rauschte auf
Meckernd fielen die Ziegen ein
Die Kuh blökte die Hunde bellten die Gänse schnatterten

In der Ferne Gewittergrollen
Die dumpfe Pauke des Donners
Gott sitzt am Schlagzeug
Yes Sir that's my baby
Da stampfte die entfesselte Dryade den Charleston
Die braunen rötlich überkupferten Haare fielen ihr mähnig über die
    Stirn
Wie einem Pony.

Tanz stampf tritt den Boden
Tritt die Erde daß sie dir untertan sei
Die Erde dem Weibe
Wie seit Urbeginn
So heute
Zertritt die Butterblumen im Tanz
Was tuts
Zermalme die kleinen roten Käfer im tollsten Takt
Töte die dir aufspielen zum Tanz mit deinen tanzenden Sohlen
Töte Grille und Heupferd
Tanze tanze
Töte töte
Schon springst du mir in den Nacken
Puma
Und tanzest auf meinen Knabenschultern
Yes Sir yes Sir
Den Jazz des Sommers.

Genug genug wilde Nymphe
Zieh dir den schwarzrotgestreiften Bademantel an
Und komm auf den Tennisplatz
Henry der Trainer wartet schon auf die gnädige Frau
Du schlägst die Bälle
Zwei Dutzend Bälle
Zwei Dutzend Menschenköpfe
Haarscharf übers Netz
Keinen Liebesblick
Keinen Ball
Läßt du aus.

Abends nach dem Essen
Yes Sir yes Sir
Steppst du im blauen Pyjama
Blauer Pyjama blauer Himmel lauer See – Wie ein japanischer Ringer
Mit dem dicken gebräunten Sharakugesicht
Boxt der gewaltige Herr des Gutes
Rittergutes
Raubrittergutes
Zeesen
(Nach der Volkszählung von 1905 besaß der 352 Hektar umfassende
   Gutsbezirk Zeesen 25 Einwohner)
Boxt die erhabene märkische Majestät
Den Raum
Boxt mit Träumen mathematischen Reihen Börsenkursen und wilden
   Ziffern
Oberbedarf
Unterbedarf
Mannesmann
Weibesweib
Die Firmen Frisch Frank Fröhlich Frei haben Geschäftsaufsicht ange-
   meldet
Yes Sir that's my baby
Noch ein Glas Bowle
Elektrisches Licht überm Garten
Sommernachtstraum
Ein Gang noch mit den englischen Terriern
Kitty Bill Tipsy Bosko Fatty Step Fap
Licht aus
Happy-end
Week-end.

Nachts
Schlafe ich schlecht
Durch geöffnete Fenster
Wandert die ganze Unterwelt
Weiße Spinner kommen geflattert mit riesigen roten Augen
Spanische Fliegen mit fetten grünen Bäuchen
Braune Motten und kleine Perlmutterfalter

Summende Mücken sirrende Gnitzen
Ihnen nach die Königin des Dunkels
Ihre Herrin und Vertilgerin
Die gefräßige
Die Fledermaus
Und am Boden raschelts: schwarze Schwaben
Aus der Mauer kriechen Tausendfüßler
Alles lärmt und knackt und surrt und raschelt
Plötzlich trapp und trippelt's auf den Bohlen
Wie ein Pony trappelt und ein weißes
Tier steht wie gebäumt im Rabenschwarzen
Wie ein Schimmel auf den Hinterbeinen
Hebt die Vorderhufe drohend
Schnaubt gar grimmig durch die Nüstern
Schreien will ich mir verschlägts die Sprache
Da – ein Sprung – das Tier hockt auf dem Bettrand
Und umschlingt mich mit den weißen Armen
Drückt die heißen Lippen auf die meinen
Yes Sir that's my baby.

Mein steinernes Herz – – – – –
Du glühst noch –

Auf dem Friedhof von Zeesen

Ich steig vom Rad.
Ein Grab im märkischen Sande.
Hier ruht ein Wesen:
Mädchen, Kind und Weib.
Sie wurde vierzehn Jahre alt –
Und tanzte im Takt des Pulsschlags in den Fiebertod.

Sie hatte Augen, um das Licht zu halten.
Das Auge brach.
Das Licht glänzt ungebrochen.
Sie hatte zarte Füße, auf der Erde zu schreiten –
Und die Erde rollt noch immer.

Sie hatte Hände, einen Zweig zu biegen.
Der Zweig weht immer noch im Sommerwinde.
Sie hatte Lippen, einen Mann zu küssen.
Sie ging hinab, eh' sie ein Jüngling küßte.

Wir werfen Netze, um den Wind zu fangen.
Wir stellen Schlingen für die Wolkenvögel.
Wir schreien, um an Gottes Ohr zu rühren. –
Gott hört am Sirius den Äther singen.

Wir steigen Berge, himmelstürmende,
Um jäh in einem feuchten Loch zu enden.
Libellen schaukelten um unsern Morgen,
Und unsere Nacht umschwirren Fledermäuse.

Mond überm Schwarzwald

Goldne Sichel des Monds!
Dich schwingt der ewige Schnitter
Und mäht Halme und Herzen.

Siehe, ich wandre auf steinichter Höhe
Über dem wolkigen Wald und neige
Willig den Nacken
Deinem erlösenden Streich.

Davoser Elegie

Wieder bricht ein Tag mit himbeerrotem Glanz über die verschneiten
    Berge.
Ich wache auf und erschrecke sanft.
Da bin ich wieder: zurückgekehrt aus dem warmen Sarge des Schlafs
Und muß schwer atmen, leicht lächeln, seufzen, erkennen, sein.

Die Kuckucksuhr schlägt neun.
Der Teller mit Früchten auf dem Nachtisch hat eine Musikmechanik
   in sich;
Hebt man ihn auf, spielt er Morgenrot, Morgenrot –
Es wird also Zeit, das Frühstück herbeizuklingeln.
Das rothaarige, morgenrothaarige, haarige Dienstmädchen erscheint,
Anzusehn wie Sankta Barbara, die Schutzheilige der Kanoniere.
Weil sie der erste frühe Bote Menschheit,
Ist sie mir höchlich verhaßt.

Es ist eine schöne Frau auf der Welt, die mich (vielleicht) liebt.
Weil ich nicht sprechen kann, verschweige ich mein Herz.
Man soll nicht zu große Worte und zu große Tiraden machen.
Sie werden leicht überheblich.
Kennen den Vater nicht mehr, nicht die Mutter.
Zum Beispiel Alexander der Große.
Lassen wir das humanistische Gymnasium.

Ein Vogel zwitschert.
Es wird ein Spatz sein,
Der auf dem Balkon in den steinharten, gefrorenen Kuchen pickt,
   den ich gestern stehen ließ.
Oder sollte es ein Geier sein, der seinen Prometheus sucht?
Wenn ich nach Zürich fahre,
Werden sich alle Leute in der Pension aufregen:
Kaum von den Toten auferstanden und schon wieder hehe.

Man modelliert mich, man zeichnet mich,
Man schneidet mich in Holz: Engel mit der Lyra.
Ich werde zurzeit von zwei Ärzten und drei Künstlern behandelt.
Der Bildhauer M. seziert mich ausgezeichnet.
Der Doktor R. hat mich (mit seinem glühenden Stahl) fabelhaft ge-
   troffen.
Sind Sie schwach auf der Lunge:
Kommen Sie, besuchen Sie mich hier oben im Tal des Friedens
(Den Prospekt sendet Ihnen der Kurverein auf Wunsch.)!
Sie werden zwar auch hier keine Ruhe finden, –
Aber Sie werden Liegekur machen, sich vollfressen,

Den Kehlkopf ausgebrannt bekommen, liebeln und pokern.
Sie werden einige Jahre länger leben.
Und wir hängen doch alle am Leben wie die Schächer am Kreuz.

Im Spiegel

Ich sehe in den Spiegel.
Was für ein unverschämter Blick mustert mich?
Jetzt zieht er sich schon in sich selbst zurück –
Pardon: ich habe mich fixiert.
Ich will mir nicht zu nahe treten.

Meine Freunde kann ich mir an den Fingern einer Hand abzählen.
Für meine Feinde brauch ich schon eine Rechenmaschine.
Was bedeuten diese tiefen Furchen auf meiner Stirn?
Ich werde Kresse und Vergißmeinnicht drein säen.

Im Berliner botanischen Garten, sah ich einen Negerschädel,
Aus dem eine Orchidee sproß.
So vornehm wollen wir's gar nicht machen.
Bei uns genügt auch ein schlichtes deutsches Feldgewächs.

Wir wollen durch die Blume zu den Überlebenden sprechen,
Wie wir so oft zu den nunmehr verwesten sprachen.
Also, meine liebe Leibfüchsin:
Du kommst mir deine Blume – Prost! Blume!

Ich stehe nicht mehr ganz fest auf den Füßen.
Der Spiegel zittert.
Seine Oberfläche kräuselt sich, weil ich lache.
Da ist der Mond – er tritt aus dem Spiegel in feuriger Rüstung
Und legt seine weiße kühle Hand auf meine fieberheiße Stirn.

An einen Freund, der wegen einer ungetreuen, eitlen, verschwenderischen Frau Klage führte

Du kannst dem Frühling nicht Halt gebieten
Und nicht der ungetreuen Frau.
Der Nordwind saust um deine Stirn.
Geh, geh von dannen.

Hast du Geld, so stiehlt es deine Frau.
Sie braucht zu ihrem Maulwurfmantel noch ein Biberjackett.
Zu ihrem Biberjackett noch ein Hermelin-Cape.
Hast du kein Geld, so hast du auch nicht weniger.

Hast du kein Geld, so hungerst du zuweilen;
Hast du Geld, so hungerst du immer – nach Liebe.
Deine Frau liebt dein Scheckbuch.
Wirf es ihr vor die Füße – doch nicht dich selbst.

Es schneit – es schneit –
Einst in der Laube schneite es Birnblüten über euch.
Jetzt, jetzt schneit es unbezahlte Rechnungen.

Das Ende

Du hast die zarten Liebeskräfte
Im Trugkampf trotzig überspannt.
Nun sind zerklirrt die stolzen Schäfte,
Zerfetzt das rote Fahnenband.

Einst fand'st du Rosen, süße Spiele der Lust,
An jedem muntren Ort.
Der Blumen blühten dir zu viele,
Du warfst die kaum gepflückten fort.

Nun wanderst du die Pfade heute –
Zerflattert Rosenblatt und Kuß.
Wo einst die Blumen leichte Beute,
Klafft ekeltief der Tartarus.

Es ist genug

Es ist genug. Mein trübes Licht
Bereit' sich zu erlöschen.
Ich hab' vertan mein Recht und Pflicht
Und meiner Seel' vergessen.

Es ist genug. Es weht ein Wind,
Weht nicht von Ost noch Norden.
Auf der Milchstraße wandert ein weißes Kind,
Ist nicht geboren worden.

Du über den Häusern heller Schein,
Wovon bist du so helle?
Stehst du um die Stirn einer Jungfrau rein
Oder brennt ein Sünder zur Hölle?

Heimkehr

Ich bin geboren in einem Wäschekorb,
Aufgewachsen in einem kleinen grünen Garten.
Fünf Meter lang, fünf Meter breit –
Mein Sarg wird wohl noch enger sein.

Kohlrabi, Apfelreis, Radieschen,
Waren meine Lieblingsspeisen.
Das Mädchen, das mich wartete, hieß Berta Jaensch.
In den Johannisbeersträuchern am Gartenrand
Lebten gute Gnomen und böse Eschen.

Fünfzehn Jahre war ich, da ich von Hause wegging.
Hochtrabend trabte ich zu Roß aus dem Glog'schen Tor.
Dreiunddreißig Jahre bin ich, da ich nach Hause zurückkehre
Auf einem knatternden Motorrad.

Die alte hölzerne Zugbrücke ist niedergerissen.
Jetzt bezwingen die Oder Eisen und Beton.
Nur der Fluß darunter, er fließt wie vor tausend Jahren
So auch heute.

Ich gehe durch die Gassen und niemand kennt mich.
Ich trage Knickerbocker und man hält mich
Für einen reisenden Engländer.
An der Schmiede, wo ich als Kind ins lohende Feuer sah,
Bleibe ich stehn und starre in Asche und Ruß.

Oben auf dem Bergfriedhof bin ich nicht allein.
Hier liegen viele, die ich einst gekannt habe.
Der alte Professor,
Bei dem ich lateinischen Nachhilfeunterricht hatte,
Und mein kleiner Bruder.

Jetzt stehe ich am Grabmal eines Generals,
Der unter Friedrich dem Großen focht.
Seinen Namen verwitterte das Gestein.
Was wollte er, was konnte er?
Niemand weiß es.

Er führte in der Schlacht von Kunersdorf
Ein Grenadierregiment – und? –
Schritt mit dem Degen in der Faust voran. – Seine Pflicht. –
Er hatte außer dem preußischen Exerzierreglement
Nie ein Buch gelesen, und war stolz darauf. –

Wir haben alle Bücher gelesen und keine Schlacht geschlagen.
Es ist eines so wenig wert als das andere.
Einmal werden vor meinem Grab die Leute stehn.

Was wollte er, was konnte er?
Niemand weiß es.

Hoppla, Bruder, steh auf,
Du hast schon lange genug geschlafen.
Jetzt bin ich an der Reihe.
Da hast du meinen Stock, Esche, Natur, ungebeizt, Hornspitze.
Geh an meiner Stelle hinunter in die Stadt.

Es dämmert. Ehe die erste Gaslaterne aufflammt,
Wirst du am Marktplatz sein.
Dort steht die Königl. Preußische Adlerapotheke.
Bringe Vater und Mutter einen Gruß von mir.

Sag ihnen, ich hätte mich zur ewigen Ruh begeben
Und mich lebendig begraben.
Drei Hände Erde auf mein Grab,
Drei Seufzer, drei Tränen und damit basta.
Bitte, Vater, laß dich in der sachgemäßen Herstellung
Von Dr. A. Henschkes Restitutionsfluid nicht stören.

Ahasver

Ewig bist du Meer und rinnst ins Meer,
Quelle, Wolke, Regen – Ahasver ...
Tor, wer um vertane Stunden träumt,
Weiser, wer die Jahre weit versäumt.
Trage so die ewige Last der Erde
Und den Dornenkranz mit Frohgebärde.
Schlägst du deine Welt und dich zusammen,
Aus den Trümmern brechen neue Flammen ...
Tod ist nur ein Wort, damit man sich vergißt ...
Weh, Sterblicher, daß du unsterblich bist!

Die Glocke

Die Glocke dröhnt
Und stöhnt
Die Stunden in die Welt.
O, wer sie dieses Zwangs entbände!
Sie ist bis an ihr Ende
Bestellt,
Daß klingend sie ihr Herz ins Nichts verschwende.

Biographie

1890   *4. November:* Klabund (eigentlich Alfred Henschke) wird in Crossen an der Oder als Sohn eines Apothekers geboren.

1906   Klabund besucht das Friedrichs-Gymnasium in Frankfurt an der Oder. Zu seinen Mitschülern gehört Gottfried Benn.
Er erkrankt an Tuberkulose, die nie richtig ausheilt. Zeitlebens sind häufige Kuraufenthalte in der Schweiz und in Italien erforderlich.

1911   Abitur.
Klabund studiert zunächst Chemie und Pharmazie, dann Philosophie, Philologie und Literatur in München, Berlin und Lausanne (bis 1912). In keinem der Fächer macht er einen Abschluss.

1913   Erste Gedichte erscheinen in Alfred Kerrs Zeitschrift »Pan«. Autor und Herausgeber müssen sich danach wegen Veröffentlichung »unsittlicher« Verse vor Gericht verantworten, erlangen jedoch mit Hilfe der Gutachten von Frank Wedekind und Richard Dehmel einen Freispruch.
Die Herkunft des Pseudonyms Klabund, unter dem er veröffentlicht, ist nicht eindeutig geklärt. Ein Apotheker-Kollege des Vaters trägt den Namen, andere Deutungen berufen sich auf die Bildung aus »Vagabund« und »Klabautermann«.
»Morgenrot! Klabund! Die Tage dämmern!« (Gedichte).

1914   Anfängliche Begeisterung für den Krieg.
»Klabunds Karussell« (Novellen).

1915   »Der Marketenderwagen« (Erzählungen und Gedichte).
»Dumpfe Trommel und berauschtes Gong. Nachdichtungen chinesischer Kriegslyrik«.

1916   Wegen seiner Krankheit hält sich Klabund in Davos auf (bis 1918).
»Moreau. Roman eines Soldaten«.
»Die Himmelsleiter. Neue Gedichte«.

1917   Angesichts des Kriegsgeschehens wandelt sich Klabund zum Pazifisten.
3. Juni: Er fordert Kaiser Wilhelm II. in einem Brief, der in der »Neuen Zürcher Zeitung« abgedruckt wird, zur Abdan-

kung auf, um den Völkerfrieden zu ermöglichen.
»Mohammed. Der Roman eines Propheten«.
Nachdichtungen persischer Lyrik.

1918 Klabund bekennt sich in René Schickeles Zeitschrift »Weiße Blätter« zu seiner Wandlung zum Pazifismus.
»Bracke« (Eulenspiegelroman)
»Der himmlische Vagant. Ein lyrisches Porträt des François Villon« (Gedichte).
Eheschließung mit Brunhilde Heberle, die noch im gleichen Jahr nach der Geburt einer Tochter an einer Lungenkrankheit stirbt. Sie ist die »Irene« zahlreicher Gedichte Klabunds.
»Die Geisha O-sen« (Nachdichtungen japanischer Lyrik nach englischen und französischen Übersetzungen).

1919 Klabund wird wegen angeblicher Verbindung zum Münchener Spartakus und wegen »Vaterlandsverrat« und »Majestätsbeleidigung« verhaftet und kurze Zeit im Zuchthaus Straubing in »Schutzhaft« festgehalten.
»Hört! Hört!« (Gedicht-Flugschrift).
»Montezuma. Eine Ballade«.

1920 »Die Sonette auf Irene« (Gedichte).
Klabund verfasst Lieder und Chansons für Max Reinhardts Kabarett »Schall und Rauch«, die er teilweise auch selbst vorträgt (bis 1921).

1921 »Kleines Klabund-Buch« (Novellen und Gedichte).
Klabund wird Mitarbeiter der von Siegfried Jacobsohn geleiteten Zeitschrift »Weltbühne«.

1922 »Kunterbuntergang des Abendlandes« (Grotesken).
»Deutsche Literaturgeschichte in einer Stunde« (Abhandlung).

1923 »Pjotr. Roman eines Zaren«.
»Das heiße Herz« (Balladen, Mythen, Gedichte).
»Geschichte der Weltliteratur in einer Stunde« (Abhandlung).

1925 Zweite Eheschließung mit der Schauspielerin Carola Neher.
»Der Kreidekreis« wird zu einem der meistaufgeführten Dramen der Weimarer Republik. Klabunds Bearbeitung der chinesischen Fabel dient Bertolt Brecht zum Vorbild für seinen »Kaukasischen Kreidekreis« (1945).

1927 »Die Harfenjule. Neue Zeit-, Streit- und Leidgedichte« versammelt Klabunds Lieder und Chansons für Reinhardts Kabarett »Schall und Rauch« und für Rosa Valettis »Café Größenwahn«.

1928 »XYZ« (Komödie).

14. August: Klabund stirbt im Alter von 38 Jahren in Davos (Schweiz) an seiner unheilbaren Lungenkrankheit.

Dekadente Erzählungen

Im kulturellen Verfall des Fin de siècle wendet sich die Dekadenz ab von der Natur und dem realen Leben, hin zu raffinierten ästhetischen Empfindungen zwischen ausschweifender Lebenslust und fatalem Überdruss. Gegen Moral und Bürgertum frönt sie mit überfeinen Sinnen einem subtilen Schönheitskult, der die Kunst nichts anderem als ihr selbst verpflichtet sieht.

Rainer Maria Rilke Die Aufzeichnungen des Malte Laurids Brigge **Joris-Karl Huysmans** Gegen den Strich **Hermann Bahr** Die gute Schule **Hugo von Hofmannsthal** Das Märchen der 672. Nacht **Rainer Maria Rilke** Die Weise von Liebe und Tod des Cornets Christoph Rilke

ISBN 978-3-8430-1881-4, 412 Seiten, 29,80 €

Erzählungen aus dem Sturm und Drang

Zwischen 1765 und 1785 geht ein Ruck durch die deutsche Literatur. Sehr junge Autoren lehnen sich auf gegen den belehrenden Charakter der - die damalige Geisteskultur beherrschenden - Aufklärung. Mit Fantasie und Gemütskraft stürmen und drängen sie gegen die Moralvorstellungen des Feudalsystems, setzen Gefühl vor Verstand und fordern die Selbstständigkeit des Originalgenies.

Jakob Michael Reinhold Lenz Zerbin oder Die neuere Philosophie **Johann Karl Wezel** Silvans Bibliothek oder die gelehrten Abenteuer **Karl Philipp Moritz** Andreas Hartknopf. Eine Allegorie **Friedrich Schiller** Der Geisterseher **Johann Wolfgang Goethe** Die Leiden des jungen Werther **Friedrich Maximilian Klinger** Fausts Leben, Taten und Höllenfahrt

ISBN 978-3-8430-1882-1, 476 Seiten, 29,80 €

Erzählungen aus dem Sturm und Drang II

Johann Karl Wezel Kakerlak oder die Geschichte eines Rosenkreuzers **Gottfried August Bürger** Münchhausen **Friedrich Schiller** Der Verbrecher aus verlorener Ehre **Karl Philipp Moritz** Andreas Hartknopfs Predigerjahre **Jakob Michael Reinhold Lenz** Der Waldbruder **Friedrich Maximilian Klinger** Geschichte eines Teutschen der neusten Zeit

ISBN 978-3-8430-1883-8, 436 Seiten, 29,80 €